驾驭未来

抓住奇点冲击下的商机

〔日〕斋藤和纪 ◎ 著　南浩洁 ◎ 译

SINGULARITY

BUSINESS

中国 友谊出版公司

图书在版编目（CIP）数据

驾驭未来：抓住奇点冲击下的商机 / (日) 斋藤和纪著；南浩洁译. -- 北京：中国友谊出版公司,2018.9

ISBN 978-7-5057-4447-9

Ⅰ.①驾… Ⅱ.①斋… ②南… Ⅲ.①企业管理 Ⅳ.①F272

中国版本图书馆CIP数据核字(2018)第174660号

Singularity Business AI Jidai Ni Kachinokoru Kigyou To Hito No Jouken
Copyright@2017 Kazunori Saito. First published in Japan in 2017 by Gentosha
Inc. Simplified Chinese translation rights arranged with Gentosha Inc.
through CREEK & RIVER CO., LTD. and CREEK & RIVER SHANGHAI CO., Ltd.

书名	驾驭未来：抓住奇点冲击下的商机
作者	[日]斋藤和纪
译者	南浩洁
出版	中国友谊出版公司
策划	杭州蓝狮子文化创意股份有限公司
发行	杭州飞阅图书有限公司
经销	新华书店
印刷	杭州钱江彩色印务有限公司
规格	880×1230毫米　32开
	6.125印张　100千字
版次	2018年9月第1版
印次	2018年9月第1次印刷
书号	ISBN 978-7-5057-4447-9
定价	52.00 元
地址	北京市朝阳区西坝河南里 17 号楼
邮编	100028
电话	（010）64668676

　　2013年被人们视为第三次人工智能热潮的起点。自那一年开始，我们几乎天天都能够在电视、报纸以及街头，看到"人工智能"或"AI（Artificial Intelligence）"这些词。

　　而从2016年下半年起，媒体曝光数量激增的另一个词是"奇点（Singularity）"。

　　使这一词闻名于世界的，是AI领域的世界级权威、天才未来学者雷·库兹韦尔（Ray Kurzweil）。他曾经预言，"科技进步的速度达到无限大"的奇点，将于2045年到来。

　　库兹韦尔声称，奇点是一个"能够彻底颠覆人类能力"级的现象。但是或许绝大多数人听到这样的解释，对于何谓奇点、它又会给我们的生活带来怎样的影响，还是一头雾水，不知所云的。

　　但事实上，我们已经在切身地感受奇点的临近了。

新闻中几乎每天都会报道一些与最前沿科技相关的信息，例如：自动驾驶汽车的实验，无人机的应用等。从这些新闻中，我们难道没有感受到，近来科技进步的速度正在一个劲地加速吗？

此外，不论是电话、相机、游戏、社交网络服务（SNS）还是个人计算机，全都被集约到了智能手机中。究竟是从何时开始，人类离开智能手机，居然已经变得无法生活了？——这已不再是一个让人大惊小怪的问题了。但iPhone首次在美国发售，还不过是10年前的事。

科技进步的速度将不同以往——这正是奇点临近现象的本质。

想要更加深入地理解这一本质，就必须要理解科技"指数级"（Exponential）飞跃将带来的巨大冲击。"指数级"是本书另一个重要的关键词。

人工智能将迫使人类失业，机器取代人类大肆横行——想必有许多人，会对曾经科幻小说里才会出现的世界和那些来路不明的家伙感到担忧吧。我曾经以为，2016年公映后引起热议的电影《新·哥斯拉（Shin Godzilla）》里的"新"，指的正是奇点（Singularity）一词的开头读音（日文读音同为Shin）。

　　甚至库兹韦尔自己也声称，"无法预测奇点带来的冲击会有多大"。

　　但是只要我们回顾历史就能发现，一直以来，人类正是通过不断发明新的科技来实现生活质量的飞跃的。不论在哪一个时代，新的科技最开始都曾经成为人们感到畏惧、担忧的来源，并成为人们打击的对象。尽管如此，诸如体力劳动比率的下降，寿命的延长，贫困率的下降，幼儿死亡率的下降，疾病的治愈等，毋庸置疑全都是凭借科技才得以实现的。

　　我坚信，今后依旧如此。人类只有依靠科技，才能继续创造出光明的未来。并且，试想我们能够在今后几十年的时间里，体验到远远超越人类花费近千年所经历的变化，这让我感到十分兴奋。

　　也有许多对此持怀疑态度的研究人员，认为"奇点"云云是不切实际的，至少在2045年这样一个不久的将来，是不可能实现的。

　　但是我认为，对于活在当下的我们来说，是否真的会发生奇点现象，并没有那么重要。

　　不论奇点是否会到来，科技正朝着这一方向，实现着指数级的飞越，这是不容质疑的现实。那么置身于这样的环境中，我们应该采取怎样的应对措施，才是我们应当思考的问题。

　　由此，本书将尽量简明精要地为读者阐述"奇点"及"（科技）指数级（飞越）"所带来的冲击。与此同时，我还将在本书中思考下列问题：在这样的时代中，能够实现划时代增长的商业模型是什么，企业应该怎样进行组织变革，我们应该基于怎样的思维方式来设计自己的人生与职业生涯？

　　如果本书能够为各位读者就如何领先于2045年做出决断和采取行动带来启示，我将不胜荣幸。

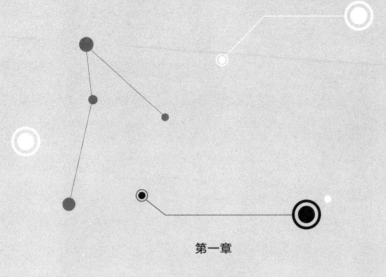

第一章

何谓奇点

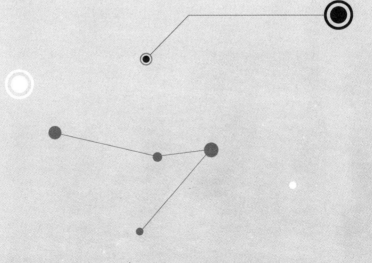

与AI并列的另一个令人瞩目的关键词

科技的进步，在过去漫长的历史中极大地改变了我们的生活方式及产业结构。在遥远的过去，石器与土器等技术登上历史舞台时，就曾给人类的生活带来了翻天覆地的变化。

在距离我们较近的时代，回首第二次世界大战后的那段时期，也可以举出几个例子来印证科技给人们的生活所带来的强烈冲击。譬如曾被日本人称为"三大神器"的黑白电视机、洗衣机、冰箱这三项耐用消费品，以及被称为"3C"的彩色电视机、空调、汽车等。

在过去的短短20年间，互联网的普及和智能手机的登场，都极大地改变了我们的生活方式。新的技术带来的是过去的人无法想象的生活。

那么，接下来登场的究竟会是什么样的技术呢？

思考这个问题，几乎就等同于思考我们的未来。当然，我们的未来并不仅仅由科技决定，但是我们无法脱离科技来思考未来。

我认为，当下被最多人关注的一项能够改变未来的科技，大概就是AI（人工智能）了吧。

随着谷歌（Google）公司旗下的英国DeepMind公司开发的计算机围棋程序"阿尔法狗（AlphaGo）"战胜人类专业棋手，就在这一两年间，人们对AI技术飞跃的关注热情迅速高涨了起来。AlphaGo在互联网上连连击败世界最强棋手，发展到了人类无法与之匹敌的高度，成为人们热议的话题。

在日本将棋领域亦是如此。著名的将棋棋手佐藤天彦在与AI对战的第一局中战败，也成为人们热议的话题。

平时对围棋或日本将棋不感兴趣的人也会关注人类与AI的对战，大概是因为他们认为，终有一天AI会给自己的日常生活带来巨大的变化。当然，我也经常听到对此感到担忧的声音，担心"大多数人类的工作会被AI和计算机夺走"。

在AI之外，另一个关键词也成为媒体关注的焦点。它甚至已经泛滥到了会出现在一些著名的电器生产商的广告中，所以我想，应该有很多人曾听到过这个词。

这个词，即"奇点"。

为这个词在日本国内普及创造契机的，大概是软银（Softbank）的首席执行官（CEO）孙正义先生吧。2016年6月，孙正义曾经就AI的发展发表了热情洋溢的演讲，在发言中，他谈到"在奇点临近的时代，我萌生出了一股欲望，觉得还有尚未完成的课题等着我去做"，并声称这就是他继续担任软银CEO的理由。

从这次演讲之后，几年前还仅为极少数人所知的奇点一词受到了普罗大众的关注。我们应该对这个词的普及持欢迎的态度，因为这是一个在思考社会的未来时无法绕过的重要概念。

连连命中！库兹韦尔的预言

但是就我看来，奇点这个词未必得到了正确的理解，很多人似乎对这个词抱有误解，所以我首先在此为大家解释一下这个词的正确意思。

"奇点"一词，原本的意思是指"奇异点"。这是一个在数学及物理学领域广泛使用的概念，因此大众不了解也无可厚非。

譬如在宇宙物理学领域，人们认为在黑洞中存在一个"奇异点"。根据理论上的计算，在"奇异点"，重力将达到无限大——这造成了一个非常严峻的问题。数学世界是抽象的，所以"无限大"并不会造成什么困扰，但是物理学的研究对象是具体且有限的自然界，因此在计算中出现无限大，情况就不妙了。我自身对于宇宙物理学只是一个门外汉，对此并不了解，不过据说如果不能解决这个"无限大"的问题，就无法解开宇宙之谜。

当然，孙正义先生想要看到的奇点，与黑洞完全没有关系。他所说的并非指物理上单纯的奇异点，它的正式名称叫作"技术奇异点"或"科技奇点"（Technological Singularity）。现在如果我们单说"奇点（Singularity）"，其所指的意思已经被特定为科技奇点了。

"奇点"这一狭义概念落地生根，始于美国的发明家兼未来学者、AI界的权威雷·库兹韦尔在2005年发表的著作。

著作名为*The Singularity is Near*（《奇点临近》），在日本先后由日本NHK出版发行了两个版本。第一次是在2007年，题为《后·超人诞生》；第二次是在2016年，题为《奇点临近》。

库兹韦尔其人，可以说是天才中的天才，他获得了二十几个博士学位，截至本书出版时，他已经先后创造出了全字体光学字符识别（Omni-font OCR）软件、平板式扫描仪（Flatbed Scanner）、"K250"的电子音合成器（Synthesizer）、文章语音朗读机器等众多划时代的发明。打个比方，他可以说是"现代的爱迪生"般的人物。自2012年起，库兹韦尔于谷歌公司担任AI开发的技术负责人，而且曾有三位美国总统聘请他到白宫工作。可以说，他在美国社会享有空前的信誉和声望。

他的成就还不仅限于发明。作见为一名未来学者，他曾经预言各类现象的发生时间，包括计算机在国际象棋领域超越人类的时间，以及外骨骼机器人能够帮助人类活动的时间等，并且这些预言都应验了。据说，其对科技未来的预测精确度超过了80%。

其中最令世人震惊的是他对基因组计划实现时期的预言。

基因组（遗传信息的整体）解析工程于1990年启动，计划在15年内完成。但是7年过去后，工程的进展仅为1%。按照单纯的理论计算来看，完成这项计划需要花费700年。

但是库兹韦尔认为，"完成1%就意味着已经完成了一半"。他预言，基因组的解析工作将在几年后得以完成。人们可能会觉得"1%即一半"非常荒唐。但对此，本书将在后文中展开更具体的分析（这也正是本书的核心问题）。

但是，基因组解析工程正如库兹韦尔所预言的那样如期完成了。最终，相关人员于2003年公布了解析结果，而解析工作本身在2000年就已经完成，从计划开始总共花费了10年。也就是说，花费7年才达到完成1%的阶段，正是已经完成了超过一半的工作了。

"奇点"是AI超越人类的那一点吗？

下面，我将参照库兹韦尔的著作来谈谈奇点这一概念。根据书的原题*The Singularity is Near*就能明白，在这本书中，库兹韦尔也发表了他的预言。

他预言的内容是：被称作"科技奇点"的现象将于2045年发生。这也正是孙正义在演讲中所期待的奇点。

那么在库兹韦尔的预言中，2045年究竟会发生什么呢？

有不少人将库兹韦尔所预言的奇点理解为"AI超越人脑的一点"，部分计算机技术专家也是这样解读的。

但是如果这样理解，我们还是不太明白，AI究竟是怎样超越人类的。譬如AlphaGo在2016年3月打败了世界最强的专业九段棋手李世石。那么如果限定在围棋这个领域内，我们就可以说，

"AI已经超越了人类"。

再举个例子。近来机器翻译的精度正在突飞猛进。最近，谷歌公司开发出的一款"实时翻译"功能，备受人们关注。只要将摄像头对准文字，就能迅速完成翻译。与AlphaGo不同的是，机器翻译还无法同专业的译员匹敌，但是它或许已经超过了人类的平均翻译水平。那么单单从这个方面来看，不也可以说它"已经超越了人类"吗？

在更加广泛的领域，还有一个标准用于测定AI是否已经具备了与人类不相上下的智力水平，那就是奠定了计算机科学基础的阿兰·图灵（Alan Turing）所设计的"图灵测试"。

与机器进行日常对话，如果人类不能明确地区分与之对话的是机器还是人类，这台机器就算是通过了测试。而库兹韦尔还预测认为，到21世纪20年代初期，AI便将通过图灵测试。而他预测的奇点到来时间是在2045年，那么通过图灵测试的时间就还要早20年左右。因此，人们可以很有把握地说"AI超越人类"这个现象即将出现在不久的将来，这意味着，它与库兹韦尔所指的奇点并不是同一个概念。

归根结底，AI与人类智力的性质截然不同。就像人类虽然从"想要像鸟儿一样飞翔"这个想法出发创造了飞机，但是鸟和飞机的性质截然不同。如果把人类的智力比作鸟儿，那么AI就像一架飞机。当然，AI拥有能够模拟人类的智力的可能性，但是正如同飞机的飞行和鸟儿的飞行并不是根据同一种原理一样，AI能够模拟人类的智力，也并不意味着它与人类有相同的思维方式。表面上看，它与人类也许并无二致，但是AI背后的计算，其智能要达到人类的数亿倍。因此，认为AI与人类的智力是在对等的条件下进行竞争的这种想法，本身就没有意义。

科技玩起"翻倍游戏"，其后蕴含洪荒之力

那么，库兹韦尔所谓的奇点指的是什么呢？方才提到的黑洞的"奇异点"，是通过计算得到重力达到无限大的一点。因此可以料想，与此相同的是，奇点指的也是某一样东西达到无限大的一点。

——那就是科技进步的速度。

在这里，请各位读者回想一下人类基因组解析计划的故事。尽管花费7年计划才进展到整体的1%，但是库兹韦尔却指出"已经完成了一半"，这是出于他对基因组解析技术会以匀加速运动

发展的信心。

譬如，汽车一直以50公里的时速行驶，那么在1小时后，它通过的距离即为50公里，2小时后即为100公里。但是，如果行驶期间汽车一直在加快速度，那么它在1小时后、2小时后通过的距离将会长得多。

和汽车一个道理，如果计算机的计算速度等技术是恒定的，那么花费7年才进展到1%的工作，在下一个7年也只能进展1%。但是倘若解析技术的发展速度在不断加快，那么同样花费7年，研究人员便能够走得更"远"。库兹韦尔认为，其速度是以"指数"增加的。

我们只要试着对折手边的纸片，就能够实际感受到事物指数增长的势头。请拿手边的普通打印纸对折一下。这是谁都能做到的事，但是，继续对折，再对折……如此重复，我们能够对折多少次呢？我认为，即使是力气极大的人，对折8次也已经是极限了。这是因为，厚度为0.1毫米的纸张，在对折8次后，厚度将会和字典差不多。

此外还有一则叫作《彦一的米粒》的民间故事，这个故事也能够告诉我们倍增游戏的惊人之处。在这个故事中，机智的彦一立下了功劳，向皇帝领赏。听闻皇帝说"我能满足你所有的要求"，彦一便拿出一个将棋棋盘，这样说道：

"请您在第一格里放上一粒米，在下一个格子里放上其倍数也就是两粒，在再下一个格子里放上第二格的倍数也就是四粒……如此，请您将米粒摆满棋盘的所有格子。"

皇帝说："这样的奖赏就可以了吗？你真是无欲无求啊。"答应了他的请求。的确，第四个格子里放8粒，第五个格子里放16粒，第六个格子里放32粒，棋盘不过九九八十一格，人们认为这不过是个小数字罢了。

但是，这样的理解其实是大错特错的。从一粒米开始逐个倍增，米粒的数量渐渐地便会急速地增加。最终，要填满棋盘上所有的格子，竟然需要2417851639229258349412351粒米。变成了一个25位的数字。虽然不知道几粒米的重量能够达到一吨，但是占满棋盘的米粒的数量，恐怕能达到日本全国大米几十亿年的产量吧。

在这里再举一个例子，帮助大家从感官上理解"倍增游戏"的厉害之处：一步一米等距地笔直向前走，那么自然走三十步，不过只能前进30米左右罢了。但是，如果步幅随着步数的增加，变成两米、4米、8米……这样倍增地话，走30步能够前进多少米呢？这样走30步，距离相当于环绕地球二十多圈，能够往返月球一趟。这可不是我耸人听闻哦。

此外，方才提到的对折纸片游戏，如果对折51次，纸的厚度将等同于从地球到太阳的距离。"成倍不断增加"，这其中蕴藏着洪荒之力。

2045年，科技进步的速度将达到"无限大"

将这种"倍增"的方式用图表现出来，便能得到下图（图1-1）。横轴表示时间，纵轴表示增长的程度。与按照均一速度向右上升的直线相比，我们能够看到，曲线从某一点开始突然急速上升，在短时间内呈现出了爆发式的增长。

数学中，将呈现出图示这种图形的函数，称为指数函数。用数学公式来体现的话，譬如方才提到的《彦一的米粒》，可以用"$y=2^x$"来表达，而直线图示的算术为"$y=ax$"。指数函数正如其名，y值的大小是由指数x的大小来决定的，因此图表中会呈现出一个迅速上升的曲线。

数学问题就这样先放在一边，但请各位读者在继续阅读本书之前，先将这张图深深地印到脑子里。

英文中将指数函数称为"exponential function"，因此下文我们就将这样的上升称为"指数级"。

这或许并不是一个方便记忆的词，但是，这是探讨奇点的人所共知的一个重要关键词。可以毫不夸张的说，这是人们在谈论社会的未来时，需要用到的最重要的一个词了。所以请大家尽早熟悉一下"指数级"这个词和它的概念。

库兹韦尔认为，不仅仅是人类基因组解析的技术，人们所研发的全部科技都将以指数级的发展速度进步。

所谓的"摩尔定律"，就是其中的一个例子。戈登·摩尔（Gordon Moore）是英特尔（Intel）的创始人之一。他曾经提出了一个定律："集成电路上可容纳的晶体管的数量，每隔18-24个月便会增加一倍。"这就是摩尔定律。库兹韦尔预测"到21世纪20年代前期，AI将通过图灵测试"，也是由于科技的发展至今仍然在遵循摩尔定律。而且，如果集成电路上元器件的集约程度继续按照这个节奏呈指数级增长的话，那么再过10年左右，计算机的集约程度便将超过人脑。

但是，奇点并不可能仅仅因此而到来。不仅仅依赖AI等计算机技术，还有生命科学、纳米科技、机器人工程学等，奇点是所有领域的科学技术呈指数级飞跃后产生的结果。在奇点来临的那

图 1-1 指数级（指数函数）进化

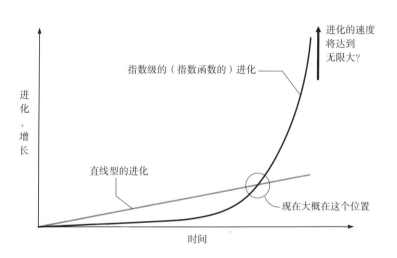

一天，这些科学技术，将创造出比自身更强大的科学技术。

而这，究竟会在何时发生呢？

请大家再回想一下指数函数图，就可以明白，在倍增游戏的过程中，很快，曲线的方向便会变得几乎与横轴垂直。这便是技术飞跃的速度达到"无限大"的时刻（严格来说，图形并不会变得完全与横轴垂直，而是"无限接近无限大"）。而这，将完全脱离目前技术发展的脉络，突然到来。这一点，无疑正是库兹韦尔所谓的"科技奇点"。

人类能力被全盘颠覆的大变革

库兹韦尔已经预测，这一奇点将会于2045年到来。但是，具体又会发生什么呢？

坦白说，笔者也是一头雾水，毕竟，这是"科技飞跃的速度将达到无限大"这样让人无法想象的情景。近年来的技术飞跃，其速度之快已经让不少人瞠目结舌了，那么新的飞跃将会如何在一瞬间席卷而来，恐怕人们对这样的情景根本就没有概念吧。因为这一飞跃和过去的发展是不连续的，它将跳出人们过去体验过的技术发展的时间脉络。

库兹韦尔自身也坦言，奇点的到来究竟会带来多大的影响，是"不可预测的"。他在过去曾成功预测各种各样事件的发生，但这样的天才未来学者依然声称无法预测奇点来临时会引起怎样的态势。因此，我们只能认为这是一个"无人可知"的谜团了。

但是，库兹韦尔同时谈到，奇点现象将达到"全盘颠覆人类的能力"级别。也就是说，这是"人类进化将超越生物进化的级别"。地球上的生物花了四十亿年进化到了现在的模样，而在奇点的力量作用下，新的进化将脱离过去的时间轴，无限地加快。人类所创造出的科学技术，将脱离人类的控制，开始创造出比自身更强大的科学技术。

不论怎么解释，对奇点的说明还是免不了抽象。如果硬要举出一部科幻作品来让人感受奇点到来的具体景象，那么约翰尼·德普（Johnny Depp）主演的电影《超验骇客》（Transcendence）大概比较符合吧。

在这部电影中，一直致力于开发AI的科学家，被反科技恐怖集团枪杀而丢掉了性命，但他的妻子却将丈夫大脑的全部数据上传到了AI上。因此，科学家的意识不仅能够在其中继续存活，甚至不久之后就一跃进化为神一般无所不能的存在。这部作品正是描摹了指数级进化的现象。

此外，认为库兹韦尔所预测的奇点将会按照他所预测的那样到来的人——这群人被称为"奇点主义者（Singularitarian）"。笔者自然是其中的一员。声称"期待奇点的到来"的孙正义先生，大概也可以算是具有代表性的奇点主义者之一吧。

纵观世界，处于政治和经济的中枢地位的人中，存在着大量的奇点主义者。他们在思考未来将会怎样时，注定无法抛开这一预测，因此，在社会中处于最高地位的那些人，不可能对奇点问题持漠不关心的态度。

生命从40亿年前就按照"加速回报定律"不断进化

另一方面，也有一些人对于库兹韦尔的预测持怀疑态度。特别是越是精通AI的人，越是频繁地切身感受到了它进步的难度，或许是由于这个原因，这些人往往更倾向于认为科学技术"不可能进展得那么顺利"。

话说回来，连库兹韦尔自身也声称"无法预测"奇点现象本身究竟会是怎样的一番情景，因此，人们会怀疑这一事态是否真的会发生，也的确情有可原。

但是笔者认为，对于生活在现在这个时代的我们来说，关键并不在于奇点是否会到来。

且不论技术飞跃的速度将达到无限大的这个时刻是否会到来，科技正朝着这个方向以指数级发展，这是毋庸置疑的。现在的我们需要思考的，是自身应该如何来应对这一时代的变化。

也有人由于不知道奇点的来临会给人类带来怎样的变化而感到担心，认为"发生这样的事情就完了"。也就是说，他们认为，为了防止奇点的来临，应该从当下开始，给科技的进步踩一脚刹车。

但是，这种想法并不现实。难道全人类共同商定一起踩下刹车，科技的进步就会因此停下脚步吗？这几乎是不可能的。

只要世界各国不被统一成一个国家，没有通过强权来从法律上禁止科技的进步，那么从理论上说，总会有人不断致力于推动科学技术的进步。可以举出一个并不是很好的例子——尽管大家认为"应该消灭战争"，但各国强化军备的世界潮流不是依然大行其道吗？这和科技进步的道理是相同的。

并且，指数级飞跃并不是我们人类主体意志的产物，而是遵循自然法则发生的——这样认为或许更加妥当。

库兹韦尔认为，指数级飞跃现象的根本在于，人类与其科技的飞跃速度，不断从本质上得到提升，即存在着一个"加速回报定律"。该定律认为，一个重要的发明与其他发明被联系在一起后，就会大大缩短下一重要发明诞生的时间。

适用于这一定律的不仅仅是人类的科学技术。根据库兹韦尔的观点，追根溯源，生命进化的过程也是按照这一定律在加速的。人类的科技发展历史，与长达40亿年的生命进化的历史是相互贯通的。

在此，让我们来看库兹韦尔在《奇点临近》一书中展示的一幅图——"向着奇点时代的倒计时"（图1-2）。如图所示，这一倒计时从生命诞生于地球伊始，就已经开始了。

虽然在这张图中，纵轴和横轴都是以对数为坐标的，因而呈现出了一条看似笔直的线，但是对数图中的直线，正意味着其加速度是不变的（速度一直成倍增长）。因此，如果将对数图转换成普通的图，其整体便会变成我们在图1-1中看到的那条呈指数级增长的曲线。

诞生于40亿年前的生命不断进化，成了人类的祖先，继而进化成了我们人类（现代人的学名为智人Homo sapiens）。这是因为某一进化同其他的进化相联系，让进化的速度有了飞跃性

图 1-2 向着奇点时代的倒计时

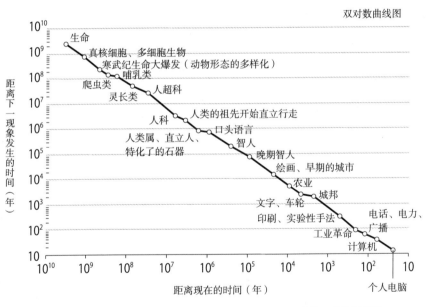

双对数曲线图

出处：《奇点临近》

的增长。虽然从单细胞生物变成多细胞生物花了很长的时间，但是一旦出现了多细胞生物，在短时间内，地球上就出现了动物形态的多样化，这被称为"寒武纪生命大爆发（Cambrian Explosion）"。

人类的技术，也一直遵循着"加速回报定律"在进步。虽然到学会使用石器，人类经过了漫长的时间，但那之后不久，就发生了农业革命，文字被发明出来，造纸术和印刷术诞生了……呈现出了技术的指数级飞跃。这样的发展是无法阻挡的。

2020年，人类将迎来"前奇点（pre-singularity）"

暂且不谈预计中的奇点是否真的会于2045年到来，人们已经几乎准确地预见到，21世纪20年代，计算机的集成程度将超越人脑。日本超级计算机研发的第一人士斋藤元章先生在其著作《亿亿次级的冲击》（PHP研究所）中，将这个时间点称作"前奇点（pre-singularity）"。

在《亿亿次级的冲击》中，斋藤先生预测，在今后的10年之内，人类能够发明出一款性能与地球人口总和（约70亿人）的脑容量相当的计算机，而这款计算机的大小只相当于一个6升左右的

图 1-3 计算机性能的指数级飞跃

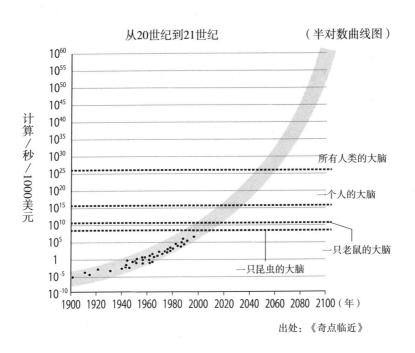

出处：《奇点临近》

箱子。根据库兹韦尔的预测，到21世纪30年代，每年都能够造出性能相当于地球总人口大脑容量10亿倍的计算机。

不用等到2045年的到来，我们已经可以看到"前奇点"是的的确确会发生的，而它将会极大地改变人类的生存方式。从这一意义上来说，将奇点认为是"AI超越人类智力的一点"，事实上并没有很大的出入。斋藤先生在书中也谈到，在今后的10年到20年间，将会发生众多历史性的变革，其数量要比过去人类在几千年中体验过的变革还要多。

而且，计算机的进步仅仅是指数级技术飞跃的一个部分而已。根据"加速回报定律"，它还将与其他各种各样的科技进步相结合，进一步发生进化。正如库兹韦尔所说，倘若奇点来临将彻底颠覆人类的能力，人类的进化将超越生物的进化——将要发生这样惊人的事件的话，那么现在生存在地球上的我们，可能会成为"最后的现代人类"。在这里岔开说一句，这样一想，今后将要发生的变化让我感到心潮澎湃。人类史上再找不到这样激动人心的、有趣的时代了。

当然，会有许多人对这样的剧变感到担忧吧？

如果说笔者的内心丝毫没有担忧，那就是在说谎了。不论是已经在公司里工作的人们，还是正在决定自己未来发展道路的年轻人，抑或正在为孩子的教育伤脑筋的父母们，不论出于什么样的立场，未来的景象都会驱使我们改变当下的生活方式及思考问题的方式。

　　距离"前奇点"的来临只剩下几年了。而距离真正的奇点的来临，还剩下十几年。处在人类历史上正以史无前例的速度发生剧变的这个时期，我们应当如何思考，如何转变才好呢？笔者希望，本书能够成为大家思考和转变行动的指南。

○˙ 相关链接："阿尔法围棋"背后的人工智能技术

"阿尔法围棋"大胜，意味着人工智能进步速度前所未有。在2016年3月的那场"人机大战"中，"阿尔法围棋"以 4：1战胜李世石，毕竟还是输了一盘，而第二年它横扫人类众多围棋高手而无败绩，这进步速度让人惊叹。

不过探其究竟，到底是人工智能自身进步速度可畏，还是背后的科学家令人生畏？答案耐人寻味。

毕竟，围棋这种源自中国的古老游戏难度之高毋庸置疑：361个交叉点可让棋盘上变幻无穷，千古不同局。相比之下国际象棋和中国象棋变化较少，曾很大程度上依赖"穷举法"攻占这两个领域的传统人工智能难以"故技重施"。许多专家原以为，计算机战胜围棋职业棋手还需要很多年，没想到现在人类棋手就已无法获得一胜。

"阿尔法围棋"用到了很多新技术，如神经网络、深度学习、蒙特卡洛树搜索法等，使其实力有了实质性飞跃。美国脸书公司"黑暗森林"围棋软件的开发者田渊栋曾在网上发表分析文章说："'阿尔法围棋'这个系统主要由几个部分组成：一、走棋网络，给定当前局面，预测并采样下一步的走棋；

二、快速走子，目标和一一样，但在适当牺牲走棋质量的条件下，速度要比一快1000倍；三、估值网络，给定当前局面，估计是白胜还是黑胜；四、蒙特卡洛树搜索，把以上这3个部分连起来，形成一个完整的系统。"

不怕电脑记性好，就怕电脑爱学习。学会自主学习的"阿尔法围棋"，掌握全球各种对局，2016年和李世石对战前就已经和自己对弈3000万盘。前几天在网上与各路高手的对战，也是为了通过更多的学习来检测新版本，现在它所呈现出的能力，到了不断碾压人类智商，乃至让人叹为观止的地步。

——《特稿："阿尔法围棋"再揭秘》[（有删节），新华社，2017年1月6日]

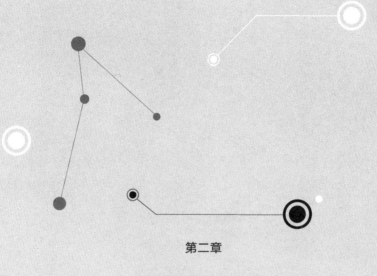

第二章

科技爆炸式飞越
中的六个 D

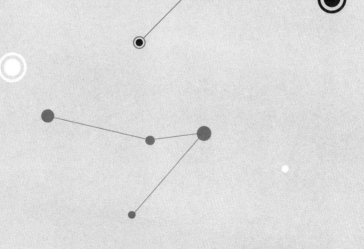

引领人类生活剧变的GNR革命是什么?

正如我在上一章中所谈到的那样，库兹韦尔所说的奇点及其原动力——科技的指数级进步，并不光是指计算机和AI。

库兹韦尔列举了以下三种"技术革命"，认为这三种"技术革命"将从最大程度上影响未来人类的进化，将会引领人类生活的剧变。参照这个观点，我想大家就能够清楚地明白，目前备受关注的AI，不过是技术大变革中的一个部分罢了。

库兹韦尔所列举的三种"技术革命"，分别是基因工程（Genetics）、纳米科技（Nanotechnology）和机器人技术（Robotics）。取其各自的首字母，称为GNR。下面，让我们按顺序来看看GNR究竟指的是什么。

首先来说说"G"代表的基因工程和遗传学。

　　在1975年于美国加利福尼亚州的艾斯罗马（Asilomar）召开的会议上，相关与会人员商讨了基因重组的指导方针等伦理问题。此后，遗传学得到了飞速发展。2003年，人类基因组计划完成，此外还涌现出了iPS细胞（诱导性多功能干细胞）以及3D生物打印等令人瞩目的成果。

　　那么，今后基因工程又将会发生哪些变革呢？库兹韦尔在《奇点临近》中这样论述道：

　　我们在理解了信息的处理加工是生命之基石的基础上，重新编制人类的生命活动程序，旨在真实有效地根治所有疾病，极大地扩展人类的可能性，极大地提高人类的寿命。

　　虽然遗传学和生命科学还需要克服一些伦理上的问题，但是技术本身将得到进一步的发展，这是毫无疑问的。尽管目前我们还无法根治癌症，但库兹韦尔声称："在今后的10年，几乎所有疾病都将能够治愈，科技能够帮助人们延缓衰老或是逆龄生长。"仅仅从这一项技术变革来看，可以毫无疑问地说，我们的人类观将发生极大的变化。

3D打印机的终极形态——原子打印机

其次，是"N"代表的纳米科技革命。"nano（毫微）"这一前缀单位指的是十亿分之一，因此，"nanometer（纳米）"也就是指十亿分之一米。

纳米科技的研究对象是分子或原子级别的物质。1981年，扫描隧道显微镜（Scanning Tunneling Microscope）被发明出来以后，纳米科技便正式发展为一门产业，因为通过这种实验装置，人们能够观察原子级别物质的构造。如今，我们已然在日常生活中使用着许多利用纳米科技生产出的产品，包括防晒产品、服装、油漆、汽车等。

在当下这个时间节点上，智能隐形眼镜、3D打印机的小型电池、能够杀死癌细胞的纳米粒子、DNA计算机技术等具有划时代意义的研究，还处于进行时。但是在这一领域内，终有一天会引发一场巨大革命的，可能当属"原子打印机"。这是一种以原子为原材料的3D打印机。

3D打印机本身就是一项有着极大影响力的划时代的发明。或许有人一听"打印机"，就以为它不过是一台办公机器罢了，但是事实上，这其中蕴藏着让制造业生产方式发生剧变的可能性。

譬如在美国，研发人员已经多次利用3D打印机来生产轮胎以及其他汽车零件的量产模型。现在我们还能利用3D打印机造出住宅和写字楼等建筑。与库兹韦尔共同创办奇点大学的彼得·戴曼迪斯（Peter Diamandis）也曾预测："在今后5年内，所有制造业都会被替换成3D打印机吧（有关奇点大学的详细论述请见第六章）。"

3D打印机的终极形态，无疑是原子打印机。现在的3D打印机能够将金属和塑料等材料立体地呈现出来，而使用了纳米科技的原子打印机，只要集齐所需要的原子，就能当场将其打造成任何材料，造出任何东西。不论是铁，还是塑料或橡胶，将所有的物质分解开来，它们最后都会回归为原子，因此这种打印机的强大是理所当然的。也就是说，我们能够通过原子打印机，将各种各样的材料组合起来，生产出整个产品。与其说它是"打印机"，不如说它相当于一个工厂。

从弱人工智能到强人工智能

最后，是"R"所代表的机器人技术革命。同"G""N"相比，这并不是一个人们耳熟能详的词。可以这样理解它：机器人革命的终极目标，是打造出比人类更强的机器人。当然，AI也包含在其中。库兹韦尔也认为AI是机器人技术革命中最重要的一个要素，并且还在其著作《奇点临近》中介绍了哲学家尼克·波斯特洛姆（Nick Bostrom）的观点：

真的存在超级智能不能解决，或是不能有助于解决的问题吗？疾病、贫困、环境的破坏以及所有不必要的苦难——装载了更加先进的科技力量后的超级智能，或许能够解决这所有的问题。[①]

[①]　该段引文直译自本书日版原著，而根据库兹韦尔的著作《奇点临近》中，"更加先进的科技力量"当为"先进的纳米科技"，特此说明。——译者注

此前，我们已经谈过机器人革命（R）和纳米科技（N）之间的协作关系，它们还可以进一步同基因工程（G）组合起来，例如可以利用iPS细胞来打造机器人的身体。由此，这三项"革命"融会在一起，将进一步推动各项技术的发展。这其中正有"加速回报定律"在发挥效用。由此，丰富多样的科技飞跃一方面会极大地颠覆我们原有的生活方式，另一方面，科技整体又在朝着奇点前进。

可以说，在这其中，AI所承担的角色是最重要的。库兹韦尔在《奇点临近》中已经指出，在AI的智力追赶上人类时，它就能通过发挥机器特有的特征，达到凌驾于人类的新高度：

· 机器能够以人类完全无法模仿的方式来存储数据。

· 机器能够完美地保存记忆。

· 机器能够始终维持在最高、最新的水平。

当然，在当下，我们还不能说AI已经追赶上了人类。现在出现在我们身边的，还只是一些为完成特定工作而由人工编写出来的程序，例如语音和图像识别软件、检测金融交易不正当行为的程序、谷歌的搜索排名统计学习方法等等。我们将此类AI称为

"弱人工智能（narrow AI）"。

可以说，在这个阶段，我们只不过站在AI时代的"入口"罢了。在弱人工智能后，将登上历史舞台的是"强人工智能（strong AI）"。它们将能够像人类一样随机应变地去解决问题，同时拥有上述凌驾于人类的能力。

人类通过编程打造出的"弱人工智能"，要想进化成为"强人工智能"，就必须让AI自身成为一台能够自主学习的机器。我们经常在AI相关的新闻报道中，看到"深度学习"技术，它属于新型领域中机器学习这一部分内容。

当人们针对深度学习开展的研究继续深入，走向应用后，可以看到，能够战胜专业棋手的AlphaGO这样的AI已经诞生了。可以预见，很快，包括AI在内的机器人技术革命将进入飞快的加速进程。"R"将同"G"和"N"交织在一起，向着奇点呈现指数级飞跃。也就是说，我们人类的历史，正迎来GNR革命的"前夜"。

"指数级增长"并非天方夜谭

这样的革命真的会发生吗？——听闻库兹韦尔关于GNR革命

的论述，想必还是有很多人会心存疑虑。

如果这场革命是非常遥远的未来的事情也就算了，但是根据目前的预测，"前奇点"会在十几年后，奇点会在二十几年后到来。倘若有人告诉你，现在这个世界上的绝大多数人类都能够亲眼见证在不久的将来，科技将进化到这样一个程度——所有的疾病都将能够治愈，原子打印机能够生产出任何产品，AI能够像人类一样解决问题，我想我们是很难马上相信这些的。

但这是因为，我们总是习惯于将事物的进化过程想象成线性的（linear），直觉地认为今后事物进化的速度将同我们过去所经历的一样。这也可以说是人类为了高效地获得食物和留下子孙后代，在进化过程中掌握的一种能力。在上一章的图表（图1-1）中，以一条直线向右上方延伸的，呈现的就是线性发展。

这与指数级的曲线是不一样的。指数级的曲线与线型进化的稳定增长相比，会从某一点开始突然转变为急速增长。

正如上一章所述，地球上的生命、人类，抑或人类的科技，全都是以指数级的增长速度进化至今的。或许还是有人认为，库兹韦尔的预测是一个天方夜谭，但是事实上，线性的进化速度才是人们容易产生的"幻想"，指数级的进化反而是"现实"。

因此在这里，为了有助于更好地理解指数级进化究竟是怎么一回事，笔者要为大家介绍"6D框架"。这也是上文中曾提及的彼得·戴曼迪斯提出的观点。

戴曼迪斯是奇点大学的创立者之一，同时他也作为"X大奖"①的创始人为人们所熟知。

所谓X大奖是一项有奖竞赛，其目的是为了推动来自民间、能够造福于人类的、具有颠覆性的创新活动的发展。回顾历史，许多类似的有奖竞赛曾推动了新型技术的诞生，这样的例子不胜枚举。

食品罐头就是其中一个例子。拿破仑曾经举办过一场有奖竞赛，为的是找到法子，使为远征军提供的粮食不会腐败。最终，他采用了一名从事食品加工业的法国人的点子。此外，林德伯格（Charles Augustus Lindbergh）横跨大西洋的不着陆飞行，也是参加有奖竞赛的结果。林德伯格其人曾被嘲讽为"飞翔的傻瓜（flying fool）"，甚至是参加有奖竞赛的参赛者，也认为他是一个不知天高地厚的小子。

X大奖是为调动民间力量而设立的。譬如在过去，宇宙探索

①　X大奖（X Prize）由美国X大奖基金会（戴曼迪斯创办）赞助举办，目的在于通过组织公共竞赛来推动技术创新，其奖项多冠以X的字样，例如安萨里X大奖、Google月球X大奖。——译者注

一直是由国家来主导推进的，但是X大奖首次提出在民间创办一场载人宇宙飞行竞赛，并给成功实现这一竞赛内容的企业项目SpaceShipOne（宇宙飞船一号）发放了1000万美元的奖金。

据说，SpaceShipOne在刚刚成功完成载人宇宙飞行后，就同维珍集团（Virgin Group）总裁理查德·布兰森（Richard Branson）签订了协议，设立维珍银河公司（Virgin Galactic），致力于为人们提供世界首个民间太空旅行服务。

此外，这项成功还大大地推动了民间创新活动的整体发展。现在，NASA（美国国家航空航天局）不再选择由自己来发射火箭了，而是把这部分工作委托给了民间的企业。

所有技术进步的源头——数字化

那么，这个X大奖的创始人彼得·戴曼迪斯所提倡的指数级增长的"6D框架"，指的究竟是什么呢？

戴曼迪斯认为，物体呈指数级发展时，在大多数情况下，都会经历以下六种现象。它们的首字母都为"D"，并且会互相产生连锁反应。

数字化（Digitalization）

潜行（Deception）

颠覆性（Disruption）

非收益化（Demonetization）

非物质化（Dematerialization）

大众化（Democratization）

下面，我就从排在第一位的"数字化"开始，按照顺序为大家解说吧。我们听到数字（digital），马上会联想到与计算机相关的一些技术，但其实并不仅仅只是这样。"数字"是一个与"模拟（analog）"相对立的概念。模拟指的是连续的物理量，而离散取值才是"数字化"的本质。因此，我们不能说能够将所有的物理量用"0"和"1"来计算的计算机的二进制方法就是"数字化"。使用算盘来计算，也不是模拟，而是数字。

那么我们能够简单地想到，在迎来计算机时代之前，数字化是科技飞跃的第一步。能够将原本连续而无法捕捉的模拟的事物，变为能够准确计量的"数据"加以处理的话，那么就能开展科学性的研究了。譬如，很久以前的掌权者们曾经致力于编纂"历法"，或许也能称之为一个将模拟的自然现象数字化的尝试。

图 2-1　指数级增长中的 6D 框架

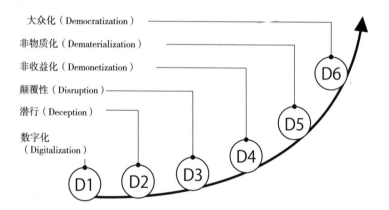

通过数字化开启创新历程的一个简明易懂的例子，就是照片了。过去，我们用胶卷拍照、成像，印成照片后保存起来。而从某个时候开始，照片变成了电子数据。也就是说，它不再受到胶卷和纸张等物质性的制约而被解放了出来。从那时开始，照片开始经历指数级的发展。在此过程中，也发生了这样一件具有象征意义的事——柯达公司没能预测出数码照片的发展前景而最终倒闭。

隐匿"潜行"，随即突然"颠覆"

但是，照相技术刚刚实现数字化的时候，恐怕很少有人认为这未来会成为社会的主流。看到刚刚上市的数码相机时，人们都认为"用这样的东西拍不出真正的照片""像玩具一样"，甚至许多人因此进一步认识到了模拟照相技术的可贵之处。就连最早发明数码相机的柯达公司，其经营团队也认为它不过只是个玩具罢了。

在数字化刚刚发生的阶段，并没有带来很大的冲击——这可以说是指数级增长的显著特征之一。从指数函数图中可以看到，图形在初期阶段几乎不会上升，在一段时间内以几乎与横轴平行的形态推移变化。对于认为增长应该是直线型的人们来说，它的发展程度甚至达不到人们期待的水平。

这个阶段，正是"6D"中第二个发生的"潜行"。低于人们对直线型增长的期待值——出于这一含义，我选用"潜行"这个词来表达这个阶段。在英文中，"deception"原意指的是"欺瞒""欺诈"。人们原本以为数字化会带来绚丽的创新景象，结果不然，这时便产生了一种像是被骗子给骗了一般的心情。这种感觉或许接近"被辜负"。

指数级的增长，其发展在一开始微小到几乎谁也注意不到。拿数码相机的像素来说，0.01兆像素的两倍也不过0.02兆。从比例上虽说是翻了一番，但两者之差仅有0.01兆。继续成倍增长下去，也只不过是0.04兆、0.08兆，其位数并不会发生改变，因此让人觉得这一点变化不过一个误差的范围，可以忽略不计。

在此前为大家介绍的《彦一的米粒》的故事中，皇上之所以认为彦一"真是无欲无求"，也是因为他认为米粒不过是以一粒变成2粒、4粒、8粒这样的数量级在增加。人类习惯于将事物的增长想象成直线型的，因此容易被"潜行"所蒙蔽。在现在看来，或许电子书等新事物正处于这个阶段。同初期的数码相机所遭遇的一样，现在还有很多人认为，"果然看书还是得看纸质的"吧？

但是指数型的增长，很快便将迎来下一个阶段。与横轴几乎平行的线条慢慢转为上扬，在某一点，就将突破人们对于直线型增长的预想。在这个瞬间，过去觉得"不过如此"而大失所望的人们，终于意识到"这比我们想象的还要厉害"。

戴曼迪斯将这个阶段称为"颠覆"。在这里，被颠覆的是既有的市场。仅仅把数码相机当作玩具的柯达公司，在此时不得不被迫退出市场。

近年来，智能手机以爆炸式的速度普及开来。苹果公司的iPhone手机刚刚登场的时候，恐怕谁也不曾料想到，"翻盖手机"会那样迅速地被驱逐出市场吧。但是，智能手机的普及速度，比当年翻盖手机i-mode①的普及速度还要快出一倍以上。

①　i-mode是日本蜂窝电话营运商NTT DOCOMO于1999年推出的移动上网服务，提供移动电话与英特网的持续连接，曾以极快的速度在日本和东亚部分地区传播。目前NTT DOCOMO已经停产i-mode功能手机。——译者注

现有技术纷纷走向"非收益化（非货币化）"

数字化、潜行、颠覆。观察指数级增长的图示，我认为可将这3个"D"划分为一块。但是，这并不是终点。在完成颠覆这一突破后，还有下一个"3D"在等着我们。

对于继"颠覆"之后的第四个D，戴曼迪斯举出了非收益化（Demonetization）这个词。既然已经实现了颠覆性的创新，那么这个商品理应能够带来巨大的收益，为什么却会"非收益化"呢？

在这个阶段，发生非收益化的并非这项技术所创造出的商品本身。譬如，由于照片的数字化，柯达公司失去了胶卷这一收益来源，而过去我们曾经要花钱"洗照片"，现在却连这个过程也根本不复存在了。在拍完照片以后，我们可以直接把照片上传到社交平台上，展示给大家。

这样的例子数不胜数。过去打长途电话需要高昂的话费，但现在利用Skype或LINE的免费通话功能，打长途电话已经实现了非收益化，收费几乎已经成为历史；Netflix（网飞）以及Hulu

（葫芦网）等播放的影片流，已经将影碟出租产业推向了非收益化；网络字典和词典与纸质的字典、词典不同，基本是无偿的。

　　某一技术的发展，会将既有的某个东西推向非收益化，因此蒙受"损失"的一方需要提前采取对策。但是戴曼迪斯同时指出，"非收益化"也具有潜伏性。我们很难从表面上看出在何时、什么东西会发生怎样的非收益化，因此采取对策时难免错失时机。

　　譬如在日本，将空房间灵活利用起来作为"民宿"的Airbnb（爱彼迎）于住宿行业、将大众的私家车灵活利用起来的Uber（优步）于运输行业所推动的非收益化的进程，已经由"潜行"进入了"颠覆"的阶段。在这里不得不说，日本在应对这两样新事物带来的新局面时，完全落后了（在下面的章节里，笔者还会详细讨论这两项内容）。

　　此外，想要预测"非收益化"会波及哪个行业，也并没有那么简单。对此，我也将在后文中详细论述，但是Airbnb与Uber所带来的非收益化，可能并不仅限于住宿行业和运输行业。

　　如果还要举个例子，大家认为最近迅速发展的虚拟现实（VR）会将什么非收益化呢？我们很快就能联想到显示屏、电视机等东西会很容易被VR取代。但事实绝不仅仅是这些。如果待在家里就能够欣赏到全世界的风景，或许以后便没有人会花钱去国外旅游了。也就是说，旅游业服务可能会走向非收益化。不仅如此，VR还会改变人们的移动方式，城市生活和办公的形态也可能发生改变。

物品和服务走向"非物质化"和"大众化"

上述的"非收益化"指的是，提供物品和服务所获得的等价报酬将会消失。与此相对，第五个"D"——非物质化（Dematerialization），指的是物品和服务本身将会消失。譬如，随着数码相机的普及，使用胶卷的老式相机便消失了。不仅如此，也许在下一个时代，数码相机也将销声匿迹，转化成为智能手机上的一个应用软件。

过去，个人电脑的普及使得文字处理专用机退出了历史的舞台，这同上述的例子非常相似。一个具有高级专一功能的机器，在万能机器出现的瞬间，就会被其取代。打开我们手边的智能手机看一看，就能明白它已经将多少机器非物质化了。电话、录音笔、游戏机、电视机、CD播放器等，手机容纳了许多功能，而众

表 2-1　非收益化、非物质化的浪潮

应用软件	2011年的软件价格（美元）	原设备名称	发售年份	发售时设备的期望零售价格（美元）	设备价格换算成的价值/2011年（美元）
视频会议	免费	Compression Labs VC	1982	250,000	586,904
GPS	免费	TI NavStar	1982	119,900	279,366
数字录音笔	免费	Sony PCM	1978	2,500	8,687
电子表	免费	Seiko 35SQ Astron	1969	1,250	7,716
5兆像素相机	免费	Canon RC-701	1986	3,000	6,201
医学图书馆	免费	Consultant等	1987	2,000	3,988
视频播放器	免费	Toshiba V-8000	1981	1,245	3,103
录像机	免费	RCA CC010	1981	1,050	2,617
音乐播放器	免费	Sony CDP-101CD player	1982	900	2,113
百科辞典	免费	Compton CD百科词典	1989	750	1,370
视频游戏机	免费	Atari2600	1977	199	744
合计	免费				902,065

一台智能手机中的App，价值相当于1亿日元!

出处：Singularity HUB

多的机器随之消失了。

而且，变身为应用软件的各种各样的功能，与过去的"机器"相比要便宜得多。这正意味着第六个"D"——大众化（Democratization）的发生。像相机这样过去只有富裕阶层才能买得起的昂贵的物品，经过非收益化和非物质化，理所当然地进入了千家万户。这正是指数级技术飞跃所带来的连锁反应的终极阶段。

想要在科学技术以指数级剧烈变化的社会中生存下去，我们就必须理解事物发展所遵循的以上几个步骤。提出"6D"理论的戴曼迪斯还曾这样说过：

"对于那些只能直线型思考的人来说，这6个"D"无疑是六个死神（Death）。"

真是一句不吉利的话！但是事实上，的确有许多企业和行业没能看清这一发展态势，因此而退出了市场。所以这句话绝非夸大其词。对于指数级飞跃的理解，是生活在奇点即将来临的时代下的我们所不可或缺的基础知识。

⭕ **相关链接：你也许无法相信，第一艘民间太空飞船出现在14年前**

美国私营载人飞船"宇宙飞船一号"2004年10月4日在进入太空后成功返回地面，成为第一艘达到"安萨里 X 大奖"要求的民间载人飞船。这项大奖为激励商业性太空旅行而设，奖金高达1000万美元。

4日飞行的是"宇宙飞船一号"在不到一周的时间内第二次进入太空。"安萨里 X 大奖"于约10年前创设，目的是开拓太空旅游业，共吸引了来自世界各地的20多个小组报名参赛。按照竞赛规定，参赛飞船必须完全利用私有资金建造，谁能率先把3名乘客送上太空，并在随后两周内使用同一架飞行器完成重复发射，谁就能获得1000万美元奖金。

据此间媒体报道，"宇宙飞船一号"4日向大奖发起最后一次冲击的旅行，是从美国加利福尼亚州莫哈韦沙漠的一处机场开始的。飞船首先附着在一个特殊设计的喷气式飞机腹部起飞，并在升空约1小时后的14100米高度上与母机脱离，然后点燃火箭发动机直上太空。飞船在太空短暂停留后重返大气层，并最终滑翔返航。

　　组织者称，"宇宙飞船一号"的历史性飞行中抵达了约114.64公里的高度，不仅已突破了公认的太空界限，而且也打破了保持40多年的亚轨道飞行纪录。不过，这一消息仍有待最后确认。

　　"宇宙飞船一号"的这次飞行由宇航员布赖恩·比尼操纵控制。上一次驾驶飞船的是宇航员迈克尔·梅尔维尔，梅尔维尔曾于2004年6月21日，驾驶同一艘飞船成功完成了全球民间首次载人太空飞行。"宇宙飞船一号"是由美国著名航天专家伯特·鲁坦设计的，并得到美国微软公司创始人之一保罗·艾伦的资助。

　　——《美国私营飞船赢得千万美元载人航天大奖》（新华网，2004年10月5日）

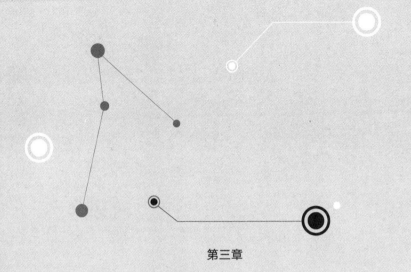

第三章

一个人类不会死亡
也不必工作的社会

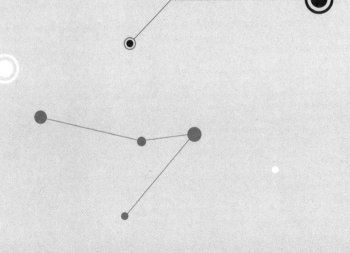

从根本上解决能源问题的唯一方法

在上一章中，笔者首先简要地介绍了库兹韦尔所说的GNR革命，而以此为目标的科技进步的道路，则遵循戴曼迪斯所说的"指数级增长的6个D"。本章会更具体一些地来谈谈，上述科技进步所带来的"革命"，会给人类的未来带来怎样的福利。

由于戴曼迪斯使用了一个听起来很危险的词——"六个死神"，或许有人对未来的设想会变得比较消极，但是，死神会到来的情况仅仅适用于那些"只会直线型思考的人"。而且库兹韦尔还曾说过，GNR革命能够根绝"所有痛苦"。如果他的这番话是真的，我甚至开始觉得，在人类的未来，有一个乌托邦正在等着我们。

这绝非痴人说梦。是因为，如果科技像现在这样继续以指数级进步下去，人类所面临的各种大问题都将得到解决。

作为其中的一个例子，首先，让我们来思考能源问题吧。毫不夸张地说，能源是在推动人类文明持续发展的过程中最重要的一个课题。正是因为其首屈一指的重要性，一直以来，以争夺能源为目的的战争不断重复上演。在探讨核能发电的利弊时，其关键也在于能源问题。

想要从根本上解决能源问题，只有一个途径。那就是充分利用太阳能。

追根溯源，地球上所有的能源都来自于太阳。不论是过去作为能源主要来源的煤炭，还是现在的主要来源石油，都不过是太阳输送到地球的能量换了一个形式罢了。风力发电和水力发电等所谓"可再生能源"，亦是如此。

一直以来，我们使用的能源都是转换成其他形式的太阳能，因此，其数量是有上限的。但是，太阳能本身几乎是无穷无尽的。

从严格意义上来说，太阳能的确是有限的，因为据说太阳的生命还有50亿年。但是，太阳的寿命同时也是地球的寿命。也就是说，只要人类还没有灭亡，太阳就一定存在。因此，如果能够充分利用好太阳能，人类就完全不用担心能源的问题了。太阳能可以输送到地球上的任何角落，因此也不会产生能源的争夺。

太阳能发电板升级，将使能源价格降至零

那么，这样理想的未来真的会到来吗？在日本，过去被人们称为"理想能源"的核能在经历了2011年东日本大地震引发的核泄漏事故后，已经失去了人们的信任。有了这一场血的教训，或许会让很多人认为，我们不能简单而乐观地看待太阳能发电的未来。

但是，纵观近年来科技的进步，就知道太阳能发电绝非天方夜谭。有人听到"太阳能发电"这个词，就认为"应该只能提供我们所需电力的很小的一部分吧"。但请大家回想一下上文谈到的"指数级增长的6个D"。我们之所以会觉得这"并不是什么了不得的技术"，难道不是因为它还处于"潜行"的阶段吗？

事实上，技术的革新已经推动太阳能发电板的发电效率有了质的飞跃，有人还预测，几年后，其价格甚至会比化石燃料发电

的价格还要低。Mega Solar太阳能发电站[①]所发的电中，已有部分产品的协议价格低于化石燃料了。仅仅看最近40年间价格的变化，也能发现，太阳能的价格已经从1977年的76美元降到了当年的1%——现在只要0.74美元了。如果太阳能发电板继续按照现在的形势以指数级发展下去，那么在不远的将来，太阳能发电的价格将接近于零。

太阳能发电板之所以发展得如此迅速，一个重要的原因就是我们现在已经可以用电脑来模拟需要使用的材料了。

一直以来，我们都通过制作实物来反复尝试，研究什么样的材料能够提高发电效率。这当然需要花费庞大的成本和时间。

但是，使用计算机，就能够在短时间内模拟各种各样的材料的组合，找到正确答案。正如计算机能在国际象棋和围棋中战胜人类，计算机能够在一瞬间尝试所有的可能性，并能从中找出正确答案。与此同时，计算器的运行速度也在成倍地加快。这正是拜指数级的科技发展所赐。

当然，仅仅依靠太阳能发电板的发展，并不意味着能够充分

---

① Mega Solar太阳能发电站位于日本川崎（Kawasaki），是川崎市政府与东京电力公司合作的项目。——译者注

地利用太阳能。除此之外，太阳能发电过程中还存在其他一些需要从技术上解决的问题。尤其关键的，应该是"储存"和"运输"的问题。这就要求我们完善基础设施，从而完成太阳能产生的电力的储存，并将这些电力送到远方。

但是，现在已经有相信太阳能发电潜力的人在开展各种各样的尝试了，因此这些问题迟早能够得到解决。譬如，埃隆·马斯克（Elon Musk）领导的电动汽车厂商特斯拉（Tesla）在内华达州的郊外建立了一个电池工厂"Gigafactory"。据称，仅这家工厂的年产量，就要超过几年前全世界锂离子电池生产厂的全部产量。特斯拉公司利用这一产量，已经开始在各地建立蓄电所。太阳能发电技术结束"潜行"，进入"颠覆"阶段，也只是时间的问题了。

如此，人们就必须开始为"颠覆"后即将到来的"非收益化"阶段做好准备。不必多言，将被挤出市场的必然会是石油产业。譬如，美国的石油公司一直以来都在致力于开发页岩气（从页岩层采集的天然气）作为石油的替代能源，但是现在，他们已经将重心转到太阳能的开发上了。就在不久以前，我们还经常听到"页岩气革命"这个词，但现在，人们已经朝着更大规模的能源革命展开了行动。美国现在几乎不致力于开发核电，或许也是因为它预见到了太阳能的大好前景。

在更加先进的宇宙文明，人们能够利用银河系的所有能源吗？

截至目前，人类已经使用过煤炭、石油、原子能等作为能源的来源，并（包括人为的损耗在内）花费了巨大的成本。回顾这样的历史，再听到"无偿利用所有太阳能"这样的话，有些人不免觉得这话不过是夸夸其谈，不太具有实现的可能性。

但是还有一些学者，他们正在设想的能源利用，有着更为宏大的规模。认为俄罗斯天文学家卡尔达谢夫（N. S. Kardashev）声称，我们"地球人"的文明，还没有到达"宇宙文明"发展的第一阶段。在广阔无垠的宇宙中，可能还存在着这样的智慧生命，其所拥有的文明比人类的文明还要先进。卡尔达谢夫根据恒星能源的利用等级，将宇宙文明划分为以下三个阶段：

第一阶段，能够利用行星上可获得的所有能源；

第二阶段，能够利用在恒星系内可获得的所有能源（利用所有的太阳能）；

第三阶段，能够利用银河系内可获得的所有能源（利用来自银河内无数恒星的所有能源）。

目前，我们才利用了地球上能够接收到的太阳能中极小的一部分。即使有一天我们对太阳能达到物尽其用的地步，这也不过是卡尔达谢夫所说的第一阶段罢了。但是，太阳能的辐射范围是整个太阳系（包括水星、木星、海王星等）。能够完完全全加以利用才是第二阶段。据估计，银河系内存在着1000亿到2000亿颗恒星。再进一步利用这些恒星的所有能源，便是第三阶段。

卡尔达谢夫的设想止步于此，但是我们还可以进一步展望未来。如果我们能够利用与太阳系相邻的仙女座星系（Andromeda Galaxy）内恒星的能源，那么，可利用的能源量就会翻一番。此外，根据NASA于2016年公布的推测数据显示，目前可观测的宇宙内，存在两兆个相当于银河的星系。不知能够利用所有银河的能源，算不算是最终的阶段呢？

此外，假设真实存在这样的智慧生命，他们能够达到卡尔达谢夫所设想的第二或第三阶段。有学者认为，在他们活动的星系内，恒星将被一个被称为"戴森球（Dyson sphere）[①]"的建筑所覆盖。反过来说，如果在宇宙的某个角落，我们真的发现了"戴森球"的存在，那么它将反过来证明地球外智慧生命的存在。事实上，目前不乏正在寻找戴森球的天文学家。

虽然这些听起来像是荒唐无稽的科幻小说中的故事，但是既然有学者正在非常认真地研究它，那么至少，达到"第一阶段"，还是挺具有现实感的吧。况且，通过有效利用太阳来使能源的利用成本降到零，这在时间线上，比所谓的第一阶段更加贴近我们的生活。仅仅达到这样的程度，就将是一个能够改写地球历史的巨大变革。

水资源短缺、温室效应和粮食短缺问题都会消失？

倘若我们能够从太阳那儿获得社会所需的全部能源，那么其影响效果将大到无法衡量。首先，由于人们不再需要使用化石燃

---

① 戴森球（人造天体理论）：弗里曼·戴森在1960年提出的一种理论。意为直径2亿千米左右用来包裹恒星、开采恒星能的人造天体。是一个利用恒星做动力源的天然的核聚变反应堆。——译者注

料，无疑因二氧化碳排放而产生的全球变暖问题将立即得到解决。

此外，水资源短缺也将不成问题。譬如，美国加州的降雨量很少，因此经常面临水资源短缺的问题。但是在聚集着众多奇点主义者的硅谷，有一大片人会对此质疑，"有那么严峻吗？"因为他们认为，加州旁边不就是太平洋嘛？

海水淡化工厂现在还需要花费相当大的成本，但是如果能够无偿用电，就能够以亲民的价格无穷无尽地为人们提供水资源了。不仅是加州，整个地球的居民都能享受广阔的大海的恩赐，人类将再也不用担心水资源短缺的问题了。

更有甚者，当电力实现零成本，水资源实现取之不尽用之不竭的时候，粮食短缺的问题也将不复存在。这是因为，工厂将能够不间断地生产出可以食用的植物来。

到那时，被人们认为已经完成了历史使命的化石燃料将可能拥有新的存在意义。之所以这样说，是因为对于植物的培育而言，二氧化碳是不可或缺的。这也是上文提到过的斋藤元章先生的观点：现在被认为是温室气体让人类大伤脑筋的二氧化碳，未来将成为植物工厂所必须的"资源"，人类未来甚至可能为此展开争夺之战。

1997年为防止全球变暖而召开的京都会议上，人类曾经制定了互相交易温室气体"排放权"的制度。或许今后，这将逆转为一场围绕二氧化碳"使用权"的争夺战。尽管化石燃料作为能源的价值已经不复存在了，但是利用化石燃料产生的二氧化碳，将被用于植物工厂，这也不无可能。

不论怎样，太阳能发电技术将在今后10年到20年间实现飞跃式的发展，并将为我们人类解决许多重大的课题。同时，其颠覆式的发展，应该会将许多东西推向非收益化。

因此我们在制定长期的社会政策时，也需要将这一前提纳入到我们的考虑范围中。当然，为了维持和提高眼下的生活水平，我们还不得不思考怎样利用当下可利用的能源这一问题。但是，现有的常识将不适用于30年后的能源政策。无视目前正处于"潜行"阶段的太阳能的发展前景，去讨论未来能源的混合利用，便是无稽之谈。

治愈所有疾病

如果太阳能是无偿的，利用太阳能能够生产出来的水和粮食也理应能够接近无穷且是无偿的。水资源和粮食短缺的问题也得到了根本性的解决后，人类已经能够满足生存所必需的最低条件了。

那么对于人类而言，下一个重要的课题，便是"健康"了。能源、水、粮食再加上健康都得到保障后，人类的生存就几乎没有什么需要担心的了。如库兹韦尔所预测的"一个所有疾病都能够治愈的社会"，真的会走向现实吗？

笔者认为，治愈疾病的关键还是在于基因信息。现在，调查个人基因所需的成本已经下降了许多。只要送去自己的唾液，就能委托相关机构调查其中的基因信息。这样的解析技术，现在需要1万～3万日元左右。随着需求的增多，检查设备不断更新换代后，这项服务很快会降到1千日元左右。几年后，我们应该只需花费几块钱，就能够享受到基因解析的服务了。

更进一步，未来我们也许甚至不再需要委托专业机构调查基因信息，就近就有相关的设备能够为我所用。例如：这台设备也许安装在我们的洗手间里，每天都能在那儿自动采取样本，进行基因分析呢。

现在已经有初创企业正在开发一项新型技术。这项技术只要使用智能手机的拍照功能，就能分析人体的数据，进行癌症诊断。就像用体温计量体温一样，简单地进行疾病的诊断。

一方面，通过基因的解析，我们能够在早期发现癌症；另一方面，围绕生活习惯与癌症的因果关系的研究，也将取得进一步的进展。这样一来，人类还将能够预防癌症的发生。在未来的10年里，在人类的死因中癌症所占的比率将急剧下降。

除了疾病的预防和诊断，人们认为，作为治疗手段的医疗技术也将突飞猛进。譬如，针对新型传染病的疫苗的开发速度，已经远远超过历史速度。2002年在中国爆发的SARS（非典/严重急性呼吸综合症）、2014年在西非流行的埃博拉出血热，曾一度成了非常严峻的问题。不论前者还是后者，当时都在全世界引起了巨大的骚动。尽管如此，这两类传染病平息下来的速度之快，也超出了人们的预料。治疗药物的发展已经给我们人类带来了极大的恩惠。

而今后，医疗技术所描画的指数级增长曲线，将上升得更加迅速。此前我们已经提到，利用计算机模拟技术，能够迅速地研发出太阳能发电板所需使用的材料，而制药也是同一个道理。人类经历了反复的实验和失败，每一步都亲历亲为的探索，计算机和机器人只要一瞬间就能帮助我们完成。因此，药品研发的速度也正在急速上升。

此外，包括iPS细胞在内的生物科技进一步发展后，就无须再冒风险进行人体实验，而将能够使用人造器官来进行实验。当然，还能利用iPS细胞来治疗患病的器官。

从古至今，人类的平均寿命不断延长，呈现出了一条向右上方延伸的图。有人研究得出100年前人类的平均寿命还在30岁左右，原始社会在15岁左右，而现在日本人的平均寿命为80岁左右。婴幼儿死亡率的降低是推动人类寿命延长的一个重要因素。而今后成年人变得更加长寿，也许将会让人类的寿命进一步延长吧。笔者认为，平均寿命超过百岁，仅仅是时间的问题。据说，人类寿命的上限在120岁左右，但倘若如库兹韦尔所预测的"能够减慢老化的速度，甚至还能返老还童"的时代到来，人类寿命的峰值或将迎来新的定义。

基因组编辑技术的进步是一把双刃剑

当然，与医疗技术进步息息相关的生物科技也存在危险的一面。2015年，中国的一个基因研究团队曾经对人类的受精卵进行了基因组编辑。这在视其为禁忌的欧美科学界，引起了激烈的争论。

基因组编辑之所以被认为是一个重大问题，是因为它将通过人为改写基因特征，为实现"定制婴儿"打开了大门。尽管中国的研究团队声称其所使用的是不可能发育成为胚胎的受精卵，因此不存在伦理方面的问题，但是在世界范围内，人们还未就究竟应该如何划分允许开展基因组编辑的界限这一议题达成一致。

此外，基因组编辑可能招致的结果中还有一部分尚不明确。在编辑中如果突然发生意料之外的基因变异，招致悲惨的结果，也不无可能。现在，植物、动物和细菌类等所有生物的DNA都已成了基因组编辑的材料，而"合成生物学"这一学科也正在建立。我们不知道，"谁"会在哪儿，成为生物科技的"受害者"。

在进行基因组编辑所需的技术之中，最受瞩目的是被称为"CRISPR/Cas9"①的技术。

这项技术诞生的契机在于人类在细菌及古细菌中发现了CRISPR/Cas这一免疫防御系统。这个系统能够分解入侵病毒的DNA，并将特定的碱基排列顺序纳入到自身的内部。

为了让人类也能利用这个系统，科学家利用这个系统研发出了CRISPR/Cas9技术。它于2013年投入实际运用，是一项能够引起基因研究剧变的革新型技术，人们确信其迟早会荣获诺贝尔奖。

---

① CRISPR/Cas9（Clustered Regularly Interspaced Short Palindromic Repeats）是一种由sgRNA指导Cas核酸酶对靶向基因进行特定DNA修饰的技术。——译者注

但是这项技术诞生后，在伦理方面存在问题的实验也就随之发生了。包括CRISPR/Cas9的研发人员在内，许多著名的基因学学者们都在呼吁，在研究进一步深入到能够把握编辑人类DNA后可能产生的后果并制定出安全标准以前，不应对人类的生殖细胞系统进行改变。

尽管如此，即使是出于无意识的行为，实验中的差错也可能导致DNA的重组——这并不是无稽之谈。尽管人们认为这是一项未来会极大地造福全体人类的技术，但是在利用这项技术时，必须遵循审慎且周密的程序，并做足准备。

难以意料的大规模恶性犯罪不容小觑

暗藏危机的技术不仅限于生物科学的领域。大多数优秀的技术都与军事有着紧密的联系，由此可知，科技的发展永远是一把"双刃剑"。

随着技术飞速地发展，犯罪的形式恐怕也会发生巨大的变化。正如人们说的，"罪犯比警察更早拿到手机"，面对新型技术，第一波蜂拥而上的便是犯罪分子。

在当下，犯罪的形式也已经变得更加多元了，这在互联网和智能手机等技术出现以前是无法想象的。预计到2019年，信息网络犯罪产业的整体产值将达到两兆美元。

IoT（Internet of the Things，物联网）时代完全到来后，黑客犯罪可能将愈演愈烈。所有人和物都能够通过网络联结起来，总有一天，整个地球将形成一张网络。到那时，黑客将成为一个极大的威胁，网络或将成为被攻击的对象。也就是说，人类将会面临新的风险——网络化后的地球，可能会在一瞬间全部停止运转。

仅仅是由于互联网的普及，犯罪的框架就已经得到了扩充。那么，向着奇点发展的技术飞跃，可能也会导致犯罪行为的指数级发展。譬如，无人机是一项可能改变社会的技术，但是人们已经发现，在墨西哥，有坠落的无人机装载了毒品。利用无人机能够轻易地跨越国境，因此，走私集团和恐怖分子盯上无人机，也是理所当然的。另外，还有这样的犯罪：由于在建筑物内的某个房间内栽培大麻会导致室温升高，因此可以让装载了红外滤镜的无人机飞去寻找这样的房间，从那里窃取大麻。

倘若机器人革命真正发生，那么如何应对"机器人犯罪"，也将是一个严峻的问题。智力水平可以赶上人类的AI如果从事犯罪活动，那么其规模和速度可能会无限地增大。过去，科幻作家艾萨克·阿西莫夫（Isaac Asimov）曾经在其作品中提出了保护人类的安全、服从人类的命令和自我防卫的"机器人三大定律"，而未来，我们或将迎来在现实中真正需要树立这三大定律的一天。

针对机器人犯罪，目前已经有一些动向，率先着眼于未来的那个时代。2017年2月，日本人工智能学会总结了人工智能相关的伦理准则。其中要求人工智能需要同时具备人工智能研究人员理应具备的伦理素质。这是人们预见到在新的时代，人工智能自身将打造出新的人工智能，因此而做的准备工作。

但是，不论采取怎样的措施，或许我们都无法对人工智能机器人的犯罪行为防患于未然。如果这一天真的到来，我们就有必要重新调整社会的法律体系了。现行的法律当然是以人类作为对象的。我们无从得知，在人工智能以自己的意志进行犯罪活动的情况下，应该去惩罚谁。AI警察逮捕AI嫌疑人；在AI法院，AI公诉人和AI律师针锋相对，而后由AI法官宣判判决结果——这样的司法制度或许也会成为现实吧？

人类能够承受"不必工作的社会"吗

从包括上一节中谈到的内容中可见，由科技引发的巨大变革来临时，人类社会的面貌将发生翻天覆地的变化。不仅是司法制度，我们可能还将不得不运用与过去截然不同的思维方式，来重新设计立法及行政系统。

归根结底，支撑社会根基的经济运行方式也将改头换面。等到人类能够无偿得到能源，社会能够生产出无限量的水和粮食时，我们将迎来一个人类不必工作的社会。因为搭载了完美AI的机器人，将完全替代我们来工作。

待到那时，我不认为资本家利用劳动力创造利润，劳动者从中获得收入用以生活的这一资本主义的基本框架还能够继续维持下去，财富的分配系统将发生完全的改观。

因此，在相信科技会带来急速变革的奇点主义者之间，常常会讨论基本收入（basic income）制度，它是指一个由政府向所有国民支付维持生活最低水平所必需的现金的制度。作为财富再分配的手段之一，基本收入的概念进入到人们的视野中，从某种意义上来说是理所当然的。基本的经济活动由政府管理的机器人来承担，政府将从中获得的收益分配给全体国民。这时，金钱与货币的存在意义或许将变得不再明朗，所以政府或许还会采取另一个形式——将维持生活最低水平所必需的机器人分配给国民。

但是，即使通过上述方式能够保障人们的基本生活水平，我们的内心能否接纳这种方式，却又是另一个需要探讨的问题。人们究竟能否承受一个无须工作就能过活的社会呢？

从劳动中被解放出来的"前辈"里，有马儿的身影。在过去的社会中，庞大数量的马匹工作在军事、农业、物流等领域。但是工业革命后，马作为劳动力的需求消失了。只有很少一部分经过品种改良的纯种马被驱赶上了赛马场，而且现在，纯种马的数量也大大减少了，大部分马儿都在牧场里悠闲地吃着草。

无须工作的人们，或许会走上一条与此相似的道路。绝大多数的人悠闲度日，只有一部分"社会精英"日夜疲于竞争。但是我们不知道，竞争的"胜利果实"将会是什么。因为即使因此获得了高于基本收入的金钱，在一个所有物品及服务都已经实现非收益化的社会里，拥有大量的金钱的优势也将不复存在。

如果是这样，那么不论是在"牧场"悠闲生活的人，还是作为"赛马"不断奔跑的人，不同的个体应该怎样维护一个人身而为人的尊严，这个问题将变得非常严峻。这或许也将是一个在哲学及心理学等领域应该展开讨论的课题。如果人类的"内心"无法追赶上社会的指数级变化，那社会将不会是一个"乌托邦（Utopia）"，或将沦落为一个受AI支配的"反乌托邦（Dystopia）"①。

---

　　① 反乌托邦又称"敌托邦"或"废托邦"等。与乌托邦相对，指充满丑恶与不幸之地。——译者注

○ᐟ 相关链接：什么是基因组编辑工具？

CRISPR由两部分组成，一部分是可以切割基因的"手术刀"蛋白Cas9，另一部分是拖着"手术刀"在基因组的"茫茫大海"中精确定位的向导RNA（核糖核酸）。一些科学家用灭活版本的Cas9蛋白与向导RNA结合，改造出只有精确定位功能的CRISPR技术，可用来关闭或打开几乎任何单个基因，或者精细地调控它们的活跃程度。这也被视为令人激动的一个研究方向。

CRISPR技术让过去许多不可能的想法变成可能，但它也是一把双刃剑，既能帮助修改致病突变、预防出生缺陷，也预示着在遥远的未来，父母可以按"订单"生育孩子，而"定制婴儿"是许多人认为不应跨越的界限。例如，尽管中山大学黄军就利用CRISPR技术成功修改人类胚胎基因时使用的是医院丢弃的异常胚胎，而且没有活性，但这一消息仍引发争议与批评，一些人由此呼吁暂缓甚至禁止基因编辑研究。

正是在这种大背景下，给基因编辑研究定"规矩"被迅速提上日程。2015年12月初在华盛顿召开的人类基因编辑国际峰会就专门讨论了人类基因编辑技术的伦理禁区。峰会就此达成共识：对早期人类胚胎或生殖细胞进行基因编辑研究是有必要的，应该继续进行下去，但前提条件是，被修改的细胞不得用于怀孕目的。包括美国在内的一些国家，都禁止政府资金支持生殖目的的基因编辑研究。

展望未来，CRISPR技术有着帮助治疗人类诸多遗传疾病的巨大潜力和好处，但也有可能给人类遗传基因资源带来一定的风险和不确定性。因此，理应在规范前提下，谨慎发展和完善这项技术，并开展相关基础研究工作。正如《科学》杂志执行新闻编辑约翰·特拉维斯所言："科学家们梦想能操纵基因，CRISPR如今让它成为现实，它的能力令人极其兴奋。情况就是这样。无论好坏，我们现在都生活在CRISPR的世界里。"

——《新闻分析："基因剪刀"引领生物医学革命》［（有删节），新华网，2015年12月18日］

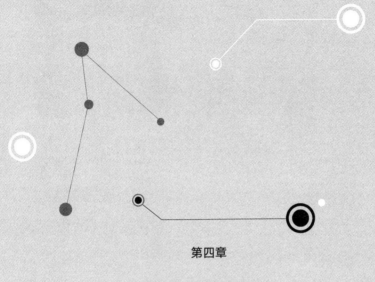

第四章

第四次工业革命
开始了！

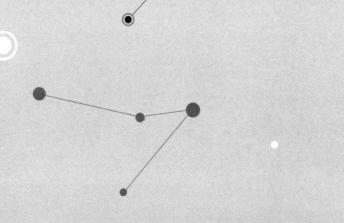

"工业4.0"和"社会5.0"的时代

指数级的技术飞跃带来的"革命"会是什么样的，通过前面的章节，想必读者们已经有所了解了。下面，让我们在此基础上，思考一下当下的我们应该做些什么吧。

首要的一件事是，要认识到这一"革命"距离我们并不遥远。岂止是并不遥远，我们必须意识到，它已经开始了。事实上从2016年的年中开始，我们便经常听到"第四次工业革命"这个词了。这是因为许多人都认为，人类社会已被卷入了这场"革命"的漩涡之中。

这个词起源于德国在2013年4月提出的"工业4.0"项目。这个项目试图将工厂的信息数据化，通过灵活地运用AI和IT（信息技术）来实现产业本身的网络化。人们认为，这是一场能够与过去的工业革命相媲美的大型变革，故将其称为"第四次工业革命"。

顺便提一下，第一次工业革命自不必说发生在18世纪末的英国。蒸汽机、自动织机等发明使得整个工业的效率得到了飞速提升。

从19世纪下半叶到20世纪初期发生的第二次工业革命，是以美国为中心的。在这个时期，化学、电力、石油、钢铁等领域内的科技创新，实现了生活资料的大量生产；铁路等运输方式也变得更加先进；电影、广播、留声机等大众娱乐登上了历史的舞台。

不过也有人认为这两次工业革命是一个整体，可以被定义为"第二次工业革命"。他们将发生在更遥远的过去的"农业革命"视作第一次工业革命。

纵观人类的历史，诸如此类视野更为宽广的工业史观——它将第一次产业革命归为农业，第二次归为工业——可以说也是有一定意义的。

紧接其后的第三次工业革命，就发生在30年前左右的"信息"领域。它正是以计算机和互联网为中心的"IT革命"。现在，也许大部分人还觉得我们正处于"IT革命"发展得如火如荼的阶段吧。但是，当下以AI及纳米科技等为核心的领域内发生的变化，已经显露出了与IT革命截然不同的新动向。

除了"工业4.0"外，不知道有没有人听说过"社会5.0"这个词？这是一个类似于第四次工业革命的概念，意味着人类社会正处于朝第五个新版本发展的过程中。根据这个概念，农业革命以前的狩猎采集社会为"社会1.0"，农耕社会为"社会2.0"，工业化社会为"社会3.0"，信息化社会为"社会4.0"，而现在正在发生的变革为"社会5.0"。从区别于IT革命的角度来看，它与"第四次工业革命"的观点是异曲同工的。

不论用什么词，关键在于，新一代的革命和社会转型发生的时间节点，在人类历史上正在一个劲地提前。

如果把狩猎采集社会视为旧石器时代的开端，那么它大概持续了两百万年；取而代之的农业社会因18世纪的工业革命转向工业化社会，农业社会大概持续了一万年，快了两位数。而再到信息革命不过花费了几百年，这一次转变也提早了两位数。正是由于技术和社会转型是以指数级的速度不断发展的，因此，紧接着IT革命爆发当下的第四次工业革命，绝不是什么让人大吃一惊的事。

恐怕第五次工业革命只要再过几年就会发生，第六工业革命

图 4-1　工业革命也以指数级加速发展

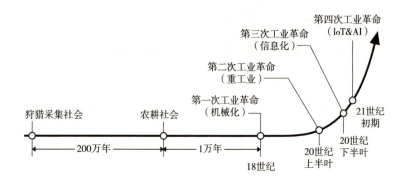

只要再过几个月，之后只要再过几周、几天、几小时……革命性的变化将以这样越来越短的间隔来到我们的身边。科技进步的速度接近"无限大"，指的正是这个意思。

第四次工业革命与第三次工业革命的区别

那么，现在正在进行的第四次工业革命与第三次工业革命（IT革命）又有什么不同呢？恐怕有很多人会认为现在爆发的第四次工业革命，属于IT革命的延续。但是，由于产业本身的形态可能会发生根本性的变化，所以笔者还是认为，应当将第四次工业革命归为一场新的"革命"。

德国的"工业4.0"想要实现的是工厂的网络化。其核心技术，我们在上一章中也已略有涉及，即物联网（IoT）——物与物联结成一个网络，互相交换信息，同时也互相制约。目前已经连到互联网上的设备大约有20亿到30亿台左右，根据相关人士的估算，到2020年，这个数字将达到500亿。据说在发达国家，一个人拥有的全部"物品"的总数大约为1000件，这样一算就能明白，我们将迎来一个所有东西都与网络相连的时代。

率先实现全面物联网化的将会是工厂。过去，工厂内也有各种各样的机器人在工作，但是需要人类分别给不同的机器人单独下指令。通过物联网将它们联结起来后，机器人们就能够开展合作，自动地选择最适合自己的工作。

这些机器人大概很快会进化成通用型的机器人。譬如，一台智能手机就涵盖了笔记本、笔、时钟、相机、日历等所有桌上用品的功能，具有多功能的性质。与智能手机类似，原先在工厂各大生产线上分别独立工作的机器人们，各种各样的功能也将被集约到一台通用型的机器人中。

换言之，这就是"智能手机化"的工厂。提出"工业4.0"概念的德国，还将具体实现了这一构想的高级工厂称为"智慧工厂（Smart Factory）"。这一趋势必将引起制造业生产方式的剧变。

在众多机器人中，未来将成为革命主角的当属3D打印机。彼得·戴曼迪斯所谓"在今后5年内，制造业将受到3D打印机的威胁"，正是因为它是一台通用性非常广的机器人。

如前所述，美国已经成功尝试利用3D打印机来生产轮胎以及所有的汽车零件。中国也在开展相关实验，致力于利用3D打印机来制造和搭建写字楼和住宅。总有一天。无人机的性能将变得更

购买一款新的产品了。但是如果有3D打印机，我们只需要事先保存好零件的电子数据，之后想要生产多少零件都将不成问题。不需要预备维修所需的库存，这对于厂商来说是一个极大的优势。

但是另一方面，"可以无限量生产出仿制品"的威胁也将相伴而生。虽然厂商可以给数据加上防拷贝锁，但是一旦"3D扫描仪"普及，人们将能够通过实物重现它的数据。也就是说，一旦产品实现"数据化"，也就随之走上了"非收益化"的道路。

当然，想要通过3D打印机来重现由手艺熟练的工匠们亲手制作的精密道具和器械，或许还需要一些时间。但是无疑，人们终有一天能够从技术上解决这个问题。即使是人们认为"只有当地的小工厂才能做到那般精致的"东西，想必总有一天能够通过3D打印机轻而易举地重现出来。

总而言之，在第四次工业革命中遭受冲击最大、损失最为惨重的将是制造业。即使是任天堂这样曾经凭借游戏机硬件获得了巨大收益的企业，从某一时期开始，这一战略也不再奏效，这家企业只能顺应时代的发展，把业务形态转为以软件为主了。

今后，所有的制造业企业都将走上与此相似的道路。我认为在日本国内，丰田、日产、本田等汽车厂商尤其将不得不做出巨大的转变。如果不能顺应工厂IoT化以及3D打印机的时代，这些厂商是很难幸存下来的。

不只是出租车服务的替代品——Uber

　　但是，会给汽车生产商带来巨大影响的，不仅仅是IoT以及3D打印机。在第二章中我们曾经感叹，能够带来颠覆性创新的科技会超出人类的预料，将商品和服务推向非收益化。而目前，这一势头正向汽车厂商袭来。这就是Uber带来的。

　　Uber是这样的一种服务：普通民众对自己的私家车灵活地加以利用，像出租车一样提供打车服务。因此，不论是谁都能明白，出租车行业将会受到它所带来的负面影响。这种观点本身当然没有什么问题，但是影响并不仅仅只波及出租车行业。

　　譬如，在Uber出现以前，美国旧金山市的出租车市场规模为每年1.4亿美元左右。如果Uber只不过是出租车的替代品，那么其在旧金山市的营业额的上限应该也在1.4亿美元左右——即使Uber从出租车那里抢走了旧金山市内的所有工作，总营业额也不过如此。

　　但是在旧金山，仅仅2014年，Uber的营业额就达到了5亿美元。这个数字是出租车市场整体的大约3.7倍。倘若Uber只是出租车的替代品，这样的营业额是毫无道理的。

那么，Uber为什么能够创下这样高的营业额呢？一个重要原因，就是因为以往开私家车出行的人们，不再选择自己开车出门了；而过去不选择乘坐出租车的人，也开始乘坐Uber出行了。也就是说，Uber不仅仅是出租车服务的替代品，它还正在取代需要用到汽车的所有行为。

当然，因为拥有私家车的人在利用Uber招揽乘客，所以汽车本身并不会被人们抛弃。但是随着Uber的出现，的确有越来越多的人不需要购买私家车了。这必定会给汽车厂商带来不小的影响。

此外，物流行业会受到更大的影响，这是因为搭乘Uber的不仅仅是人。现在，可能还有很多人仅仅把Uber视为"出租车的自动调度服务"。但是，Uber公司的股票市值已经超过了全球最大的物流服务公司联邦快递（FedEx）。此外，由于亚马逊等网络购物的规模不断扩大，快递从业人员的工作负担也在加大，这被人们视为一个问题，或许在不久的将来，快递的工作会被Uber夺走。

再进一步，受到Uber威胁的还不仅仅是与汽车相关的客运服务。既然只要很少的花费就能把人从家载到目的地，那么乘坐新干线等公共交通工具的人也可能急剧减少。

考虑到交通拥堵较多的路况，这一点实现起来有一些难度。但是，随着自动驾驶车辆的普及，如果自动驾驶能与IoT互相配合起来的话，交通拥堵的问题或将迎刃而解。到那时，大家便省去了跑到车站去换乘公共交通工具的麻烦吧。人们乘坐公共交通工具的需求被Uber夺走的那一天，和磁悬浮中央新干线开通的那一天，究竟谁会率先到来呢？在指数级发展的时代，要对"新型技术"做长期规划，也必须承担完工时变成无用的废物这样的风险。

前几天，日本NHK还报道了一则与自动驾驶出租车相关的新闻。日本政府正在加强环境建设，希望到2020年东京奥运会和残奥会召开之前，让自动驾驶出租车普及起来。新闻中还谈到，国家战略特区已经批准在特区内进行"机器人出租车"的相关实验。

这的确是一条可喜的新闻。而就在播报这条新闻的数日以前，同一个新闻节目还报道了这样一则新闻："某地公共汽车公司正在为驾驶员人手不足的问题而烦恼。"这家公司为了保证驾驶员的人数，开始录用应届毕业生，并花费3年来培训他们。

这两条新闻并非没有联系。倘若没有觉察到其中的矛盾之处，我们就无法应对即将发生的社会变革。

倘若3年后自动驾驶出租车已经普及开来，那么公共汽车公司也就无须再烦恼"驾驶员人手不足"的问题了。好不容易才获得录用的员工们，到3年以后，社会是否还需要驾驶员，都是一个未知数。烦恼驾驶员人手不足的公司，比起在培育年轻人上投入资本，不如投资那些正在研发自动驾驶的初创企业，或许后者能够更快奏效。如果不对科技发展的未来进行预测，人们在面对企业经营问题时，便很难做出判断。

近来，媒体报道了许多关于Uber的负面新闻。譬如，媒体公布了其CEO特拉维斯·卡兰尼克（Travis Kalanick）谩骂驾驶员的视频，以及驾驶员待遇过低的问题等。作为改革性商业模型的典范，真希望Uber务必渡过这些难关。

不只是民宿——Airbnb的本质

为了应对2020年奥运会和残奥会的需求，据说日本已经掀起了一股建设酒店的热潮。按照以往的常识来看，这个判断似乎理所当然，但是这一举动并不是没有适得其反的可能性。这是由于

Airbnb的存在——它与Uber一起，并称为两大划时代的商业模式。

在Airbnb平台上，人们将普通公寓的空房间作为民宿设施，加以灵活的利用。在日本，这类需求也已有了抬头的势头。尽管这一平台目前在日本人之间的普及程度并不是很高，但它却受到了来日本游玩的外国游客的热情追捧。甚至从2016年年底到2017年年初，使用Airbnb订房入住的游客人数已经比订酒店的游客人数还要多了。

同Uber一样，Airbnb的构想非常简单。它的创始人认为，"既然有那些住在三居室的房子里，自己却只用一个房间的人，那就不如把自己的家当作客户出租出去"，从而打造了一款能够将空房间的所有者与寻找住宿设施的人对接起来的网络服务平台。这样的一家小公司，如今，其市值竟已经超过了凯悦（Hyatt）、希尔顿（Hilton）等大型酒店。

利用互联网的技术，互相通融多余的资源——人们将这样的经济模型统称为共享经济（Sharing Economy）。鉴于Uber和Airbnb这样的共享经济的成功，还诞生出了"优步化（Uberization）"这样的词——不论是汽车还是房间，通过分享闲置的资源而产生新型商业模式，就是"优步化"的本质。这一构想今后大概还会扩展到其他各种各样的领域去吧。

譬如，每个家庭都有吸尘器、洗衣机等家电用品，但是它们在一天中仅仅工作非常短的时间。而空调、电冰箱这类家电则一直在"使用中"。那么，我们是不是也可以考虑"在不使用的时间段把电器借给别人"的商业模式呢？

具体应该怎样做，目前还没有答案。但是利用IoT等技术，或许我们就能找到什么好办法了。其实，目前已经广泛使用的投币式洗衣机，本质上就是大家共享的洗衣机；在东京等大城市里，不买私家车而选择组团拼车的人群规模也在极大地扩张。总有一天，我们或将迎来所有家电用品都能实现共享的一天。

优步化的商业模式有一个很大的优点，那就是企业不再需要担心员工和库存的问题了。出租车公司和酒店公司为了维护空车和空房间，需要花费很大的成本，与此不同的是，人们只需要在必要时刻支付与所消费资源相应的成本即可。这将成为一个极其高效的系统。

按需在特定时刻从全世界调集特定人才的时代

不仅仅是汽车和房间，今后或许还将成为一个共享"人才"

的时代。一直以来，大多数企业习惯于持续雇用很多的员工，支付给他们固定的工资。但至少坐落于硅谷地区的创业企业却几乎都没有这样的想法。他们的观点反而是，在必要的时间招揽拥有必要知识能力的人才。不论这个人才是在印度还是在非洲，都没有关系。这与上文中公共汽车公司自己出力去培养三年后不知还有无市场的驾驶员这样的观点，是截然相反的。

以指数级发展的社会将迎来日新月异的变化。因此，企业即使网罗了当下所需的人才，也无法保证一年或两年后，这个需求会不会发生变化。从中长期的角度来看，有很多工作是能够交给机器人来做的。譬如，现在护理行业人手不足是一个大问题，所以人们正在加大力度去研究如何让看护机器人填补这一缺口。

当然，为了完成当下的工作，企业必须要汇集合适的人才才行，但是总有一天，这些人可能会因为需求的消失而丢掉工作。我们应该在考虑问题时描画一张未来的蓝图，并做好准备，以灵活地迎接未来各种变化可能带来的挑战。

公司的经营方式，以及现在的社会上一些能通用的东西，几年后不一定还能派上用场。这也要求我们不能拘泥于过去的常识和习惯，而是要灵活变通地思考问题。放眼现在做得风生水起的公司，多数并没有停留在以前从事的经营领域。例如，日本的大日本印刷公司，名字里虽然写着"印刷"，但是其现在的业务内容已经发生了巨大的转变，称其为一家"IT公司"也毫不为过。富士胶片公司也是如此，这家公司还进入到了OA（办公自动化）设备、化妆品、健康食品等领域，成了一家综合型的企业。

今后，第四次工业革命的真正到来将掀起更大的变化，因此，尤其是制造业，必须摆出更加灵活的姿态，不仅没有必要拘泥于一直以来在本身擅长的领域中发展，也没有理由告诉自己制造业公司必须停留在制造业这个框架内。其他的行业也是如此。无论是航空业、旅游业还是运输业的公司，谁也无法保证它们今后还能继续在过去的行业内混下去。Uber和Airbnb这类革命性的商业模式，今后会将什么推向非收益化，还不为人知。既然如此，我们理应认为，以往深信划分了自身"立足之地"的行业间的界线，是完全不存在的。

风靡世界的"平台型企业"

更进一步说，企业必须放眼世界规模的市场，这一点是很重要的。在日本，尤其是创业企业，可以说是只看到了本国市场。的确，只要掌握几万的用户，就足够让一家小公司生存下去了，但这样的公司并没有什么未来可言。主要集中在硅谷的美国创业企业，打一开始就是以几十亿人的市场为目标的——互联网几乎不存在国境。

想要发展这样的商业模式，就必须要跨越"行业的界线"。譬如Uber，如果企业仅仅把它当作出租车的替代品，那么是不可能获得几十亿人的市场的。Uber的成功之处在于，它打造出了一个拥有简洁交互页面的通用型"平台"。

不仅是Uber，谷歌、苹果等企业也都是能够提供多样化服务的平台型企业。他们的交互页面非常简洁，平台自身是免费对外开放的，因此吸引了许多人在它们的平台上注册了账号。但是其后，这个平台会进一步提供来自不同领域的服务，这就是平台型企业的一大特征。"谷歌××""苹果××"等服务相继问世，不免让一些人感到有些疑惑："明明我注册账号不是为了这些目的……"但是无疑，能使用现有的账号享受新的服务，总是比较方便的。

苹果公司在过去给人们的印象不过是麦金塔电脑（Macintosh，简称Mac）的生产厂商罢了。而现在，由于"苹果音乐（Apple

Music）"的成功，苹果公司已经在音乐界占有了一席之地。此外，它最近还通过"苹果支付（Apple Pay）"，控制了众多苹果用户的资金结算。即使日本最大的三家银行[①]想要与之抗衡，也不是它的对手了。但是20年前，谁也不曾想到苹果公司竟然会成为银行的竞争对手吧？像这样跨越行业的界限，正是平台型企业的强大之处。

诸如此类的新型平台，如果只看到本国国内的市场，是不可能诞生出来的。

但是，日本的市场可以说具备了孕育平台型企业"后备军"的优质条件。正如日本的职业棒球球员一步步地晋级成为美国职业棒球大联盟的球员一样，在优质的日本市场中培育起来的平台型企业，只需进一步去抓住全世界数十亿的用户，就能有更大的发展了。

在日本，已经出现了像"美国职棒大联盟球员野茂英雄[②]"

---

① 指三井住友金融集团、三菱东京UFJ金融集团和瑞穗金融集团这三家企业。——译者注

② 野茂英雄出生于1968年，日本人，美国职业棒球联盟投手，是20世纪90年代开始亚洲球员成功进入美国的范例之一，带动了日本及亚洲球员的旅美风潮。——译者注

这样的企业，例如LINE公司。虽然我们不清楚它是否是在日本被研发出来的，但它的确是在日本茁壮成长起来的一家平台型企业。起初，人们认为它不过是社交网络的一部分，具有免费通话的功能罢了。但现在，这个平台已经搭载了各种各样的服务。从LINE刚发布就开始使用它的年轻一代，也习惯于使用这个平台提供的其他服务了，如浏览网络新闻等。

　　能够简单地进行二手物品交易的闲置物品交易App "mercari. com"，也有望成为一家平台型企业。年轻的用户们在想要购买什么东西时，往往首先会在这个网站而非在亚马逊搜索。也有很多用户在这个平台上卖出一些东西，再用获得的金钱在这一平台上购物。也就是说，这个平台形成了一个独立的经济圈。可以畅想，有一天，当它发展成为世界级的平台型企业时，一定会拥有极大的影响力吧！

重要课题：超级计算机的性能将直接关系到综合国力

　　虽然第四次工业革命才刚刚开始，但是按照人们的预想，今后，世界规模的大变革将不断爆发——第五次、第六次……接连不断。如果不趁当下调整好自己的心态，不论是国家还是企业、个人，都将被这个变化的时代抛到后面。

在思考国家层面的业务内容时，毫无疑问，超级计算机的开发和研究将成为一大关键。超级计算机在今后的革命中有着极其重要的意义，而这正是一个不断实现指数级飞跃的领域。因此，一旦本国的超级计算机在性能上落后于其他国家，可能就会产生再也无法弥补的鸿沟。在包括AI在内的科技革命中，最根本的力量就是超级计算机。因此，超级计算机性能上的差距，将会直接反作用于各国国力的差距。

日本曾经因发明了超级计算机"京"而享誉全球，其性能在当时排名世界第一，而现在已经失去了冠军的宝座。近来，中国研发的超级计算机速度之快，在全世界都有着压倒性的实力。中国研发的超级计算机在运算速度上已经连续8次夺冠，而且第二名也是中国的研发成果。而日本研发的超级计算机在世界上的排名已经降到了第六位。[1]现在，这种竞争已经不是能够毫不在意地说"非得争个第一名吗？"的时候了。

---

① 这是2016年的排名，这一年日本超级计算机"Oakforest-PACS"首次登场，排名第六，"京"排名第七。——作者注

只是，要提高超级计算机的性能，不能一味地追求提高输出，追求效率也是很重要的。巨型计算机要花费巨额的成本——包括电力等，所以如果计算机效率很低，就不够实用。日本在提高效率方面有着较为领先的研究成果，斋藤元章先生就是这一领域的佼佼者。

超级计算机的世界排名可以大致分为两种类型。中国的超级计算机排名领先的，是比赛处理速度快慢的"Top 500"排名。此外，还有比赛电力消耗等性能的"Green 500"等排名。在"Green 500"排名中，斋藤先生所领导的PEZY Computing团队开发的超级计算机，在2015年占据了第一到三名。也就是说，在效率方面，这个团队开发的超级计算机是世界首屈一指的。

提高效率是打造出一台处理速度更快的超级计算机的一个重要的手段，但是其意义还不仅于此。由于无法生产出许多台巨型计算机，所以目前，"京"是由众多研究机构共同使用的。即使研究机构提交了申请，获得许可之后也不意味着马上就能用上，即使轮到了，也只能使用几分钟。因此，如果能进一步提高超级计算机的效率，那么就能将"京"这样级别的超级计算机放到空间有限的研究室里，让大家自由自在地使用它了。即使处理速度达不到世界第一的水平，只要能够扩大使用范围，想必也将会为整个科技的进步做出巨大的贡献。

　　总而言之，超级计算机的开发是一个能够直接左右国家国力的问题。因此，国家应当对此制定清晰的战略。日本政府要为致力于研发工作的相关企业和研究者提供支持，才能不被中国和美国甩在后面。

○ 相关链接：Made in Space到底要干什么

美国"太空制造"（Made in Space）公司宣布，将于2014年为国际空间站提供一台3D打印机，供宇航员在轨生产零部件。届时，人类将首次实现在地球外制造物品，有望提升人类探索太空的能力。

据美国媒体26日报道，美国"太空制造"公司将与美国航天局马歇尔航天中心合作，开展在零重力环境中的3D打印技术试验研究，并计划在明年8月利用美国太空探索技术公司的货运飞船，将新研发的太空3D打印机送往国际空间站。

"太空制造"公司说，国际空间站现有的30%以上的备用部件都可由这台3D打印机制造。这台设备将使用聚合物和其他材料，利用挤压增量制造技术逐层制造物品。

该公司在一份声明中说，这将是通往未来的重要一步，可增加太空任务的安全性和可靠性，同时由于不必从地球运输，可降低太空任务成本。

此外，该公司还计划在2015年为国际空间站提供一个名为"增量生产设备"的太空打印设备，该设备不仅可"打印"物品，还能修理组件并升级硬件等。

——《人类明年将首次在地球外制造物品》（科技日报，

2013年5月28日）

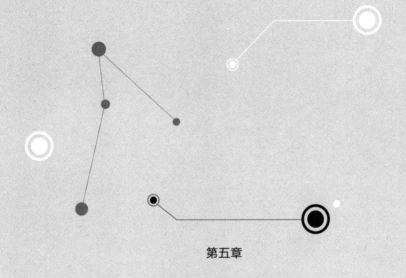

第五章

没有飞跃性思维
的人无法幸存

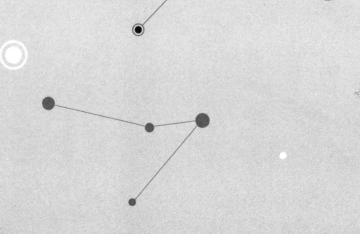

消失的边界线：物质、信息、媒体、企业及各方各面

　　由计算机和互联网引发的第三次工业（IT革命），极大地改变了我们的生活。但是，第四次工业革命已经开始了。不论是从规模上还是从速度上，它无疑都将远超第三次工业革命。

　　在这次革命中，社会结构本身会发生根本性的变化。从这一层意义出发，可以说，这场革命将是一场真正的范式转移（paradigm shift）[①]。根据上一章的内容就能明白，此时，过去社会中各种各样的"分界"将走向消融。

　　例如，数字化照片象征的"非物质化"，也是其中之一。一

──────────

[①]　范式转移是指一个领域里出现的新的学术成果，打破了原有的假设或法则，迫使人们对本学科的一些基本理论做出根本性的修正。──译者注

直以来，我们都认为"物质"理所应当地要和"信息（数据）"区分开来，现在它们的分界将很快消失。也就是说，"现实"和"虚拟"将融为一体。

在那样的社会里，过去的分类就没有什么意义了。以媒体为例，过去有报纸、广播、电视等不同类型的媒体，这大概也是由于不同的媒体使用的是不同类型的终端设备吧？

但是现在，所有的媒体都在互联网上交织成为了一体。文字、声音、视频，成为数字信息后并没有什么区别。因此，它们都以同样的形式发布在网络上，当我们在网页上浏览纸媒的新闻报道时，一边还能够扫一眼旁边的广告视频。在社交网络上看到感兴趣的新闻时，点击一下链接，经常会发现跳转过去的是电视上的视频新闻，而不是纸媒的报道。也就是说，我们已经不再区分不同的媒体了，而是将所有内容都作为"网络新闻"的形式来接纳。

不再有区分的不仅仅是媒体。正如上一章所述，所有行业过去的分界都正在消失。

例如，日本航空（JAL）过去最大的竞争对手，是同为航空公司的全日空航空公司（ANA）。当然，根据路线，日本航空有时还可能与新干线和高速巴士竞争。但是另一方面，灵活运用VR

的旅游业和会议系统，也有可能来争夺它的市场。也就是说，人们过去认为毫无联系的航空公司、Uber和VR这三样事物，可能会同台展开竞争。

智力劳动将不分国界，最终进入全面AI时代

不仅限于公司及行业的"外部"，公司"内部"的分界线也正在消失。特别是财务部、人事部、法务部等后勤部门（back office），其职能的边界线正在飞速地消失。有人预测，这些业务将在电子化后转移到云空间，由AI负责操作。因此，人们要想在自己的专业的领域内积累职场经验成为业内专家，将成为一件非常困难的事。

不仅仅是公司后勤部门的职员，从事所谓"智力劳动"的大多数人，他们之间的分界线也将淡化，逐渐被AI取代。

在过去，律师、会计师、税务师、司法代书人、行政代书人等是全然不同的行业。不论是业务内容、法律制度，还是为了获得各个资格认证所需通过的考试，都截然不同。

但是，一旦这些工作电子化，其中的差异也将不复存在。对

于AI而言，无论是律师看的判例还是会计师看的账本上的数字，都不过是一些电子数据罢了。"AI律师"与"AI会计师"，或许在人们看来在交互界面上有些区别，但本质上都是相同的。

因此，虽然律师、会计师等职业现在因为稳定而受到人们的青睐，但是依靠"资格认证"区分的这些职业，前景并不明朗。或许被AI取代还需要一些时间，但是在那之前，智力劳动将可能失去"国界"这一分界线。因为人们认为，在今后的10年里，在非洲及印度等地，将涌现出以亿为单位的智力劳动者，他们的数量将远远超过日本的人口总数。

这是为什么呢？发展中国家的人过去一直追随着发达国家的脚步，使用发达国家垄断的技术。由于这些国家是循序导入那些徐徐发展的技术的，所以两者之间的差距并不会缩小。

然而现在，由于科技进步的速度很快，发展中国家的人就能够跳过中间的阶段，与发达国家在同一时间引进最先进的事物了。尤其是一些不守旧的国家，技术普及的速度甚至反而可以超过发达国家。

例如，在非洲和印度的一些国家或地区，政府会在学校向孩子们发放智能手机。与此相对的是，一些日本家长总不愿意给孩子配上一部手机。非洲和印度的孩子们已经掌握了英语，从一开始就将维基百科作为他们的信息来源；与在学校里花费大量时间学习词典的查阅方法及汉字的书写顺序的日本孩子相比，他们的IT化速度之快，占据了压倒性的优势。在更加优质的初等教育下，可以预测，"插队"进入"IT社会"的这些国家，将涌现出数量庞大的智力劳动者。据说这个数字在今后10年内将达到10亿人。

日本与世界之间虽然还存在"语言障碍"，但是随着全球化的加速渗透和英语的广泛使用，日本的智力劳动者恐怕很难继续安稳度日了吧？在全面AI时代来临之前，或许印度和非洲的劳动力就将夺走他们的工作。与之对抗的方法，大概还是得从技术本身去寻找。

譬如，利用互联网提供通话服务的应用软件Skype，正在提供"Skype翻译"服务，能够在10种语言之间实时进行翻译。这些技术得到进一步的发展后，人们就将能够在意识不到"语言障碍"的状态下，向印度或非洲等地方发出工作订单了。

规模小、人数少，却能创造出巨大成果的指数型组织

那么，在一个所有边界都将走向消融的社会里，人类所创建的"组织"的形式也必然会发生巨大的变化。如前一章所述，像Uber和Airbnb这样的企业，它们的组织形式与日本的普通公司截然不同。目睹这些势力的兴起，我们应该如何打造一个能够活下来并闯入新时代的组织形式呢？想来有许多企业家都因正怀着这样的危机意识而烦恼吧。

组织的改革并不是一件容易的事。因为归根结底，人们创建所谓的组织，是为了遵守一定的秩序。而变革，指的是打破秩序。所以无论如何，两者之间总是会产生矛盾。"一个能够灵活应对变化的组织"，说起来非常轻松，但是一个灵活的组织就很难维持秩序，因此想要实现这个目标是非常困难的。

但是，在一个边界走向消融的社会里，即使不主动去打破秩序，组织的秩序不知何时也会不由自主地发生动摇。所有的壁垒都将走向消亡，因此，"公司"这一框架的定义也将不同于以往

那般明确。即使有企业以当下的组织形式收获了成功，它也绝对不会持久。事实上，拿5年前的美国《财富》杂志评选的世界100强企业与现在的相比较，也能发现其中企业的换位率在40%左右。既然成功不是永恒的，那么组织形式也不可能永远维持现状存活下去。

尽管如此，倘若所有人只管自己的工作，又要如何开展商业活动呢？因此，公司这一商业单位今后应该还是会被保留下来的。问题在于，今后我们要将公司改造成一个怎样的组织呢？

在思考这个问题时，作为提示，我将为各位读者介绍一下萨利姆·伊斯梅尔（Salim Ismail）所提出的准则。萨利姆·伊斯梅尔是奇点大学的创始执行理事，自身也是一名创业者。他将新时代需要的组织命名为"指数型组织（Exponential Organization，简称ExO）"。这也是其著作的书名[①]。

伊斯梅尔所定义的指数级组织，指的是"能够产生巨大影响力的组织，其影响力的数量级与其员工人数和规模完全不成比例"。无需赘言，Uber和Airbnb正属于这样的组织。尽管在规模

---

①　中文译名《指数型组织》，2015年，浙江人民出版社。与迈克尔·马隆（Michael Malone）、尤里·范·吉斯特（Yuri van Geest）合著。——译者注

上，这两家公司只有几百人，但它们却影响了全世界的几十亿人，市值达到几百亿美元，得到了市场的高度评价。它们正属于"ExO"。

伊斯梅尔在这本书中，还列举了ExO的几个属性。其中最重要的是"MTP"这个属性——它是"Massive Transformative Purpose"的首字母缩写，指的是"宏大变革目标"。

其实过去的企业也是如此，它们在创业时都会怀抱相应的雄心壮志，立下目标，有许多企业家希望通过发展自己的事业来改变世界。

但是伊斯梅尔所说的MTP，其规模比人们过去所认为的要大得多。例如，谷歌曾经提出了"组织全球信息"这一目标。这个目标放到现在，听起来的确是有说服力的，但是结合公司刚刚创立时的情况，这个目标仿佛只是"大吹牛皮"罢了。

除了谷歌公司，伊斯梅尔还举出了下面几个MTP的例子：

TED 传播有价值的观点；

X大奖 实现有益于人类的飞跃性技术革新；

奇点大学 影响10亿人。

其中的任何一家公司，都满怀着想要改变"世界"和"人类"的野心。一个小规模的集团展开这样宏伟的畅想，致力于改善数十亿人的生活，这就是ExO的第一大特点。

飞跃型组织的外部环境五大特征——SCALE

伊斯梅尔将ExO的特征比作人脑，整理出了下图（图5-1）。其中，"外部环境特征"相当于人的右脑。取这五项内容的首字母，可以称其为"SCALE"。而"内部环境特征"相当于人的左脑，同样取其五项内容的首字母，可以称其为"IDEAS"。这五个字母，就代表了ExO的十大特征。接下来，我将依次为大家说明。

首先，为大家介绍右边的"SCALE"（外部环境特征）。"S"指的是"Staff on Demand"，也就是随需随聘的员工。在前面的章节中，我们已经谈及了这方面的内容。ExO无须在企业内部负担固定的资源，它们可以根据需要召集所需要的人才。

第二个"C"，指的是社群与群众（Community & Crowd）。ExO虽然在内部没有固定的员工，但是与此相对，其外部有着稳固的社群，群众会根据需要为其提供帮助。

中国的手机厂商小米就是一个著名的例子，它有着非常强大的社群的支持。即使没有小米的指示，它的社群也会主动通过社交网络等散布信息，帮助小米把产品做得更好。

第三个"A"，指的是算法（Algorithms）。算法原来指的是在数学和计算机等领域里为解决问题而设计的固定流程。对于同一类问题，只要根据这一流程计算，就能够自动得到答案。伊斯梅尔认为，能够自主地反射性地提供服务——拥有这样的算法，是ExO的一大特征。

其中典型的例子有谷歌公司向广告赞助商提供的点击付费广告服务"Adwords（谷歌关键词竞价广告）"。这项服务能够在人们进行检索或是浏览网页时，根据用户的购买行为和好奇心、兴趣点，自动发布广告。这正是一项"能够自主地反射性地提供服务"的算法。

当然，Uber的调度系统也是如此。用户通过智能手机等设备上的App发送的打车请求，并不是通过人力来一条条接收和处理的。系统会"自主反射性地"调度最适合的车辆。因此，企业无须将人才固定于内部。

第四个"L"，指的是杠杆资产（Leveraged Assets）。不仅限于人才，企业还要能够灵活地运用各种各样的外部资源，将自身保有的资产降到最低限度，这也是ExO的一大特征。

第五个"E"，指的是参与（Engagement）。ExO以其强大的

图 5-1 指数级组织的 10 大特征

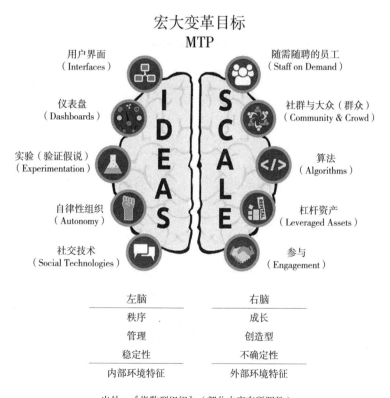

宏大变革目标
MTP

用户界面（Interfaces）
仪表盘（Dashboards）
实验（验证假说）（Experimentation）
自律性组织（Autonomy）
社交技术（Social Technologies）

随需随聘的员工（Staff on Demand）
社群与大众（群众）（Community & Crowd）
算法（Algorithms）
杠杆资产（Leveraged Assets）
参与（Engagement）

左脑	右脑
秩序	成长
管理	创造型
稳定性	不确定性
内部环境特征	外部环境特征

出处：《指数型组织》（部分内容有所调整）

平台，为顾客提供他们会重复选择的商品和服务，由此让用户参与进来。以其积极的反馈回路，提高用户的忠诚度，将群众转为社群。

飞跃型组织的内部环境五大特征——"IDEAS"

下面，让我们来看看左边的"IDEAS"，即ExO内部环境的特征。

首先，"I"指的是用户界面（Interfaces）。为了让上一节提到的"A（算法）"有效发挥作用，能对算法加以控制和调节的用户界面就显得尤为重要了。ExO的内部有能有效工作的交互页面，并且时常更新升级。例如，Salesforce.com[①]等就在云端提供了相关工具，巧妙地利用这样的工具是很重要的。

"D"指的是仪表盘（Dashboards），是一个能够测量和管理庞大数据的系统。由于多数ExO都是"信息化企业"，因此在组织内部，有广泛共享这些数据的需求。由此，企业才能够明确自

---

① Salesforce.com，客户关系管理（CRM）软件服务提供商。——译者注

身的定位和未来的发展走向。

第三个"E"指的是实验（Experimentation）。这对于要不断实现创新的ExO来说，是极其重要的，因为只有通过实验，才能验证接二连三地涌现出的新观点或假设是否是可行的。毫不为过地说，通过"假设—验证"的过程进行尝试的次数，是实现创新的关键。

事实上，不论是谷歌还是苹果，它们都在以惊人地速度重复着假设到验证的过程。自然，不可能所有的实验都能够获得成功。恐怕比起成功，这些企业会反复经历更多的失败吧。发现某一假设并不成立后，迅速放弃它建立新的假设，展开新的验证工作，这就是ExO的基本模式。

为了能够持续不断地开展实验，第四个"A"，即自律性组织（Autonomy）这一属性是不可或缺的。如果每次都需要整个公司一层一层的判断提交上去的书面请示文件能否通过，来决定是否开展验证实验，那么效率就太低下了。作为自律性组织，ExO能够在现场判断和决定一切事宜，因此不会出现任何徒劳的"盖章竞走（Stamp Rally）"。这不仅能够提高创新的速度，还能够孕育出一个开放性的组织文化。从结果来看，员工们的满意度也会有所提高。

最后的"S"指的是社交技术（Social Technologies）。我们可以把它简单理解为一个像社交网络的东西。毫无例外，ExO都会在组织内部灵活运用社交技术。

例如，美国的大多数企业都在使用一款名为"Slack"的企业内部聊天工具。在这个平台上进行日常沟通，共享信息，就无须频繁地把大家召集起来开会了。很多人应该都有这样的体验：在企业内部与他人进行重要谈话时，在氛围轻松的吸烟室里，会比在会议上进展得更加顺利。公司内部的聊天软件，就像是为员工搭建了许多虚拟的吸烟室。这也成了ExO工作更为高效的一个重要原因。

抵制变化——如何抑制组织的这一免疫反应

综上，我们介绍了伊斯梅尔所总结的ExO的"SCALE"和"IDEAS"这十大特征。事实上，有一些对企业的评分表、是以这10个特征的完成情况来打分的。美国霍特国际商学院（Hult International Business School）在以此为依据对《财富》杂志100强企业打分时，得出了一个令人吃惊的结果——这些企业得分的排名与其市值的排名几乎是一致的。也许正是出于这个原因，在美国，人们普遍认为，所有企业无一例外都应该着重发展这10个特征。

但是，即使具备了这10个特征，也不意味着该企业作为一家ExO已经做到了极致。如前所述，组织的本质在于维持原有的秩序。为此，它必然会排斥某些变化。可以说，企业的这种反应与生物通过免疫反应来击退从外入侵的异物是相同的。

但是，如果ExO想要名副其实地持续一个"飞跃型组织"的指数级影响力，就必须要不断地接纳变化。那么，怎样才能抑制组织的"免疫反应"呢？

在这里，多数ExO采用的办法，是将正在发生转变的部门放到组织的外部或是组织的最外侧去。

譬如在硅谷，有着"臭鼬工厂（Skunk Works）"这样的企业文化。尽管这个词有着这样的语感——散发着臭味的工作场所，但它绝不是一个负面的东西。这种企业文化最早诞生于军需产业。为了保守秘密，企业将新产品的开发团队从组织本身隔离出去，单独设立，让拥有特别权限的少数精锐研发团队在这里工作，这就是"臭鼬工厂"。也有传闻说，这个名字的起源是由于其工作场所经常受到临近工厂散发出来的臭味的困扰。现在，这

譬如有这样的一条新闻：2016年5月，丰田汽车与美国Uber就开展战略合作达成一致意见，丰田的投资部门将向Uber投资。对此提出强烈反对意见的，是日本国内的出租车行业。尽管丰田将自己与Uber的合作限定于日本之外，但是恐怕出租车行业还是认为Uber会给自身带来威胁，因此才提出了抗议吧。由于丰田本身也计划于2017年向日本国内市场投放新一代出租车，不能在行业内树敌。因此，在出租车行业团体的大会上，丰田不得不采取应对，分文件声称"我们并未考虑在日本开展与Uber的合作关系"。

从某种意义上来看，丰田公司拥有"SCALE"中的"C"，即一个强有力的社群。这对于组织而言，原本是一个优势，但在这个案例中，它却发挥了"免疫系统"的作用。

不仅限于这一案例，支撑日本企业的社群，各自都拥有较大的既得利益，因此可以预见，发生类似"免疫反应"的案例，今后还会不断出现。譬如，当公司计划招聘随需随聘的员工时，可能就会招致工会的抗议。

今后正要发生的是一场"革命"，因此，这类摩擦和冲突或许是不可避免的。在19世纪的英国，因工业革命而感到事业危机的手工业者和劳动者等曾发动过一场声势浩大的卢德运动

（Luddite Movement），运动的内容是破坏机器和工厂。而在第四次工业革命中，现代版的"卢德运动"也有可能广泛地蔓延开来。

尽管要让既得利益的人们放弃自身的既得利益，所要面临的形势依然非常严峻，但是指数级革命的到来是不可阻挡的。倘若放任这些"免疫反应"的发展且拒绝转变，组织是无法存活下来的。最终，围绕在其周围的社群也将全军覆没。

因此，今后想要做出改变的组织，必须尝试对整个社会，而非仅对周围的社群，开展说服和教育工作，以减弱他们带来的"免疫反应"。如果人们的思维方式不发生转变，那么受到现代"卢德运动"的影响，整个国家便有可能形单影只地被新的工业革命抛在身后，无法赶上指数级飞跃的浪潮。而一旦没有赶上，它将再也无法超越。

我想，各位读者读到这里，思维方式一定已经发生了一些变化。朝着奇点这个超越想象的现象，指数级的科技飞跃将在各个领域打开颠覆性的局面。倘若我们已经从感官上理解这一点，那么不论自己对这种现象赞成还是反对，都必须要改变自身的生活方式和思维方式。

我认为，如果目前国内中层领导，即下一代领导阶层能够建立起这样的思维，那么这个国家的组织就能够发生改变。当下，一些企业的高层领导们已经掌握了针对指数级变化的思考方式。尽管如此，中层管理者的危机感还远远不够。在那些试图发生改变的组织里，这些中层管理者反而可能成为这些组织的"免疫系统"。

再看下面的年轻阶层，出于对未来的强烈担忧，他们可能会将"成为一名正式员工"作为自己的目标。但是在美国，2005年后诞生的所有新职业，采用的全都是"非正式聘用"的工作方式。或早或晚，在其他国家的新型职业中，正式聘用可能也将不再出现。年轻人还是做好这样的准备比较稳妥。

今后，我们将迎来这样一个时代：像私家车和空房间被当作出租车和酒店分享给别人一样，被广泛分享到各类组织和行业的人才，将在更大的舞台上大显身手。为了让整个社会都能接受上述时代的到来，我们就需要在当下这个时间节点上，改变中层的观念，并将这一思维方式推广到下一代。

在下一章里，笔者将谈谈奇点大学。笔者自身也是以进入奇点大学为契机，极大地转变了过去的思维方式。了解这所大学内开展的活动，一定能够帮助我们加深对于指数级发展的世界的理解。

◐ 相关链接：了解新卢德主义

1990年3月，美国新墨西哥州心理学家C.格兰迪宁（Chellis Glendinning）发表了《新卢德宣言》（*Notes toward a Neoluddite Manifesto*），新卢德主义名称从此正式确立。C.格兰迪宁在《宣言》中指出，她的目的是为那些在第二次技术革命中遭受技术痛苦、反抗技术的人寻求合法身份，并为这些人清楚表达对技术的批判和申明自己的主张提供话语条件。

20世纪后半叶，全球范围内爆发了一场以电子计算机技术为主导的新科技革命，这场革命给政治、经济、社会和文化、心理带来了巨大的冲击。工业文明的危机成为新卢德运动爆发的社会背景……新卢德群体声称有自己的组织，公开宣称说至今已经召开了三次大型集会。他们称1812年在英国狭义卢德运动期间的一次集会为卢德运动第一届大会；第二届卢德大会于1996年4月13日-15日在美国的俄亥俄州举行，有四百多名代表参加。第二届大会是新卢德运动的第一次集会，提倡简单生活，大会上把照相机、手提电脑、录音机列为禁用品。会议鼓励参加者旅行时尽量少用技术手段。新卢德的第二次集会是于1997年4月举行的，是一些有影响的新卢德分子的私人聚会，会议讨论如何才能产生更多的支持技术批评的策略和对策；会后出版了对话集《厌恶技术：21世纪的新视野》（*Turning Away from Technology: A New Vision for the 21st Century*）（1997）。

　　——节选自《新卢德主义评析》（东北大学出版社，陈红兵 著）

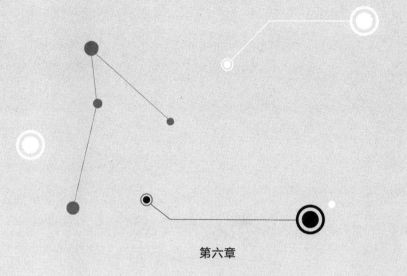

第六章

走在世界最前沿
的奇点大学

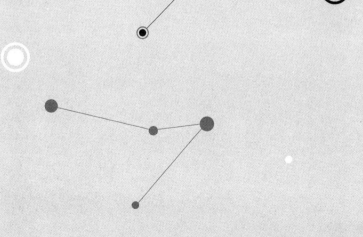

Sleepless University? （不眠大学）

　　创立于2008年的奇点大学坐落于美国的加利福尼亚州，专门从事指数级发展的科技教育，发起人为雷·库兹韦尔和彼得·戴曼迪斯。虽然名称里有"大学"两个字，但是在法律上，它却是一家公益企业（Benefit Corporation）[①]。起初，两位发起人还想争取拿到大学的资格认证，但是由于他们想从事的教育实在太过超前，最终只能放弃这样的想法。

　　但是，既然叫做"大学"，无需赘言它当然是一所教育和研究机构。但是在此基础上，奇点大学还具备着培育创业企业并

---

　　① 公益企业是一种营利组织，不同于一般企业的是，此种企业除营利外，还具有公益性营业目的。——译者注

提供风险投资的功能。我们可以将其定位于介于股份公司和非营利组织（NPO）之间。在创立时，奇点大学得到了谷歌、思科（Cisco）、欧特克（Autodesk）等大企业的赞助支持。

校园坐落于NASA的阿姆斯研究中心（Ames Research Center）内部，位于硅谷内的芒廷维尤（Mountain View）地区，毗邻谷歌公司总部。阿姆斯研究中心可以算得上是NASA的大本营，其中还建立了机场。过去，NASA曾经在此开展过培训宇航员的工作。因此，位于奇点大学建筑附近的住宿设施内，还有以前宇航员使用过的房间。

一边在这里过着寄宿生活，一边参加全日制的教育项目，由学校来给你"灌输"走向创业成功的思维方式——这就是奇点大学。由于校内还提供饮食服务，因此甚至有些学员直到课程结束，一步也不曾踏出过校园。奇点大学简称"SU"，因此有人戏谑称，难道它不应该叫"Sleepless University"（不眠大学）吗？事实上，参加课程的学员的确认真到了这样的地步。

数百倍的竞争率——全世界优秀青年荟萃的科研项目

在校园内开展的活动大致可以分为三个类型。课程的具体内容将在下文展开介绍，首先，在此为读者们简单介绍一下这三种活动。

最符合"大学"气质的核心教育活动，即每年夏季为期10周的"全球解决方案课程（Global Solution Program，简称GSP）"。参加人数大约为80名。每次的报名人数要远远超过招生人数，据说招录比高达几百倍。

想要参加GSP课程有两个途径。一是通过直接选拔；二是在各国的GIC大赛（全球影响力挑战赛，Global Impact Challenge）中胜出。课程费用包括衣、食、住，大约在4万美元左右。通过直接选拔的学员费用由谷歌全额负担，后一种途径被选上的学员也会由各国的赞助企业提供资金支持。2017年，日本也举办了GIC大赛，首次有居住在日本的日本人参加了这个课程。

为期10周的项目可以大致分为前半期和后半期。前半期的5周时间主要是面向解决地球和人类规模的问题而开设的，课程主要与技术和思维方式相关。在后半期的5周时间里，将会把学员分为几个小组，让他们面向产品和服务的实际开发建立假设并进行验证。

而集中5～7天来教授GSP课程前半部分内容的，则是"执行课程（Executive Program，简称EP）"。笔者也曾于2015年参加过这一课程。它的参加费用为1.4万美元，是自费参加的。

在大约60名学员中，来自美国的学员只有三分之一左右，其余的大多数来自欧洲。来自亚洲的人包括我在内只有两个，就算加上以前参加了课程的学员，亚洲的学员总共也不到10人。学员们的职业也是纷繁多样，有正在考虑自己创业的人，有企业家和投资人，还有军人等；男女比大约在2∶1左右。

原本我以为只有我一个日本人，结果在上EP时，坐在旁边的女性突然以一口流利的日语向我搭话，这让我不免大吃一惊。打听了一番以后我才明白，她曾经在日本担任过外资银行的CEO，现在已经搬到了澳大利亚。也就是说，参加课程的学员里，有许多像她这样身份非常符合"执行"这个课程名称的人。奇点大学校园内的住宿设施非常简陋，连电视也没有。因此，还有坐着自带司机的车，从酒店每天"走读"来上课的学员。

　　与GSP和EP课程相并列的其他主要课程，还有秋季开班的"加速课程（Acceleration Program，简称AP）"。在这个课程里，每个学员小组都将参加选拔，通过选拔的小组能够参加和GSP相同的课程，并获得10万美元的创业资金和场地。这一课程针对已经以小组形式"创业"了的团体学员，可以说，这是一项比GSP更注重实践的课程。据说，也有通过GSP的学习而组成的小组直接转到AP的例子。

　　除了上述三大支柱课程以外，还有名为"指数系列（Exponential Series）"的不同主题的公开课、面向年轻人的课程、面向大企业的定制课程等。可以说，奇点大学准备了丰富多样的"课程菜单"。

第一个来自日本的GSP课程学员，他的创意是"人工肉"

　　2017年2月，GIC大赛首次在日本国内举办。奇点大学设定了包括贫困和环境问题在内的全世界人类规模的难题，也就是所谓的全球重大挑战（Global Grand Challenge，GGC），并希望通过比赛来募集创意，利用AI和机器人技术等最前沿的科技，解决上述难题。

决赛时要求参赛者用英语发表演讲，选出的优胜者作为日本代表，能够在企业赞助的奖学金的支持下，参加奇点大学的GSP课程。

2017年，索尼是活动的赞助商。比赛中有6名选手进入了决赛的演讲环节，最终，致力于降低人工肉培养液成本的研究团队在比赛中胜出。这是首次有居住在日本的日本人参加到这一课程中。

世界各国都将人工肉视为解决粮食问题的关键，并正在开展相关的研究。据说在今后几年内，人工肉就将出现在普通家庭的餐桌上，人类不再需要为了获得食用肉而去杀死动物了。

这个团队的创意非常厉害。他们声称，会将自己研发的用于生产培养液的程序编码无偿公开，让所有家庭都能够以低廉的成本生产出人工肉。这个创意由于能够颠覆性地、而且是在一瞬间改变地球上所有人的粮食生产方式，得到了很高的评价。

此外，奇点大学对于硅谷所培养的其他初创企业也十分友好，他们决定为只差一点而与冠军失之交臂的远程操作机器人开发团队提供奖学金，请他们来参加GSP课程。

2017年9月，大约10家企业赞助商为奇点大学峰会提供赞助，以推动峰会的召开。峰会为期两到三天，活动内容为面向企业高层管理人员课程的精华。今后，奇点大学还会继续举办GIC大赛和峰会，此外还有在日本建立奇点大学日本分部的动向。不难想象，今后，奇点大学将与我们的日常生活联系得更加紧密。

与其提高10%，不如以10倍为目标

奇点大学有许多课程，但是GSP、EP、AP的授课内容在本质上并没有什么区别。如前文所述，课堂上首先会把"指数级思考"这个大的概念彻底"灌输"给学员们。

譬如，学员们会学习"与其争取提高10%，不如以10倍为目标"这样的思维方式。这种思维方式在课堂上被强调了一遍又一遍。不论是产品的质量还是工作的效率，大家都会为了提高10%而拼命地努力。由此，人们都认为，勤勤恳恳、孜孜不倦地不断完善一项事物是很重要的。但是，为了这10%的提升所付出的努力与成果可能是不对等的。

当然，想要以"10倍"而非"10%"为目标的话，付出与此前同样程度的努力显然是不够的。不仅仅需要改变努力的程度，还需要从根本上改变我们努力的方式。但是，如果我们最终达成

了这个目标，那么得到的回报，一定能够比"提高10%"而得到的回报更大！

这一思维方式的基础在于"out of box"（跳出盒子）这一巧思。我们总是倾向于在所谓的既有概念——即"盒子"里思考事物，但是如果"盒子"外边有更大的世界，那么我们要做的，不是一点一点地扩大这个小盒子的容量，而是可以把盒子一口气扩大10倍为目标。更进一步，我们可以试着怀疑一下，那里究竟真的存在着一个"盒子"吗？说到底，这个"盒子"可能只是我们捏造出来的幻想。

此外，课堂上还强调了"不要追随时代，把目光向前看"这样的思维方式。

譬如，小朋友们刚开始学踢足球时，往往所有人都会去追球，挤成一团。但是，能够踢到球的不过一两个人罢了。球再一次被踢出后，大家又会朝着球前进的新方向奔跑起来。有些孩子在整个游戏中一直在跑，到最后也似乎没有碰到球的机会。

但是在学习打冰球的时候，即使是初学者也不会出现追着球跑的情况。因为与足球相比，冰球的速度更快，大家很快就能明白"怎么追也追不上"的道理。因此，大家会预测"球下一步会跑向哪里"，然后率先出击。商业也是如此，越是在变化速度快的时代，我们越不能去追随"当下"，而是需要预测未来会发生什么，然后采取行动，这是非常重要的一点。

接着，当我们根据对未来的预测萌生出了某个新的点子，就要大肆宣扬并招募伙伴。ExO主张提出宏大变革目标，并为此"豪言壮语一番"，与此也有相通的地方。这是奇点大学教学的一大特征。

可以说戴曼迪斯的X大奖打出的"在民间发展载人宇宙飞行"这一大型课题，也正体现了这种思想。立下豪言壮志，然后召集伙伴（在这个情况下是召集应征者），或许目标不知何时就实现了。这也是整个硅谷的基本思维。总而言之，就是要在一开始就脱颖而出并广而宣之，这非常重要。在美国社会，有着这样的普遍认识——默默无闻地埋头苦干只会一无所成，仅仅陷于自我满足之中，所以美国人深刻地认识到"不论好坏，只要不起眼，便是失败"。

一个信念——人类所面临的问题一定能够通过科技得到解决

再进一步支撑着这整套思维的，是"正向思考（positive thinking）"。

出于生存本能，人类会存在这样的倾向——面对负面新闻，特别是与自己的生命和生活相关的负面新闻时，会产生是正常反应大约10倍的过激反应。因此，大众媒体也愿意大量地发布和出售负面新闻。倘若每每受到这些负面新闻的影响，我们是无法正向地去思考的。

譬如在环境问题方面，在20年前左右，媒体曾经大肆宣扬"石油再过10年就要枯竭了"这样的负面新闻。事实上，石油并没有枯竭，但由于这一正向的事实不可能大卖，也就没有成为新闻。"全球变暖，臭氧层正在遭到破坏"的说法也是如此。事实上，地球的臭氧层状况已经得到了一定的改善，但由于好的新闻无法成为新闻，所以大部分人还从未听闻这一消息。尽管事实并没有那么糟糕，但是大多数人还是一味地对臭氧层感到担忧。

当然，即使是现在，地球和人类还面临着许多难题。但奇点大学要求学员们进行正向思考，认为这些问题"通过科技的力量一定能够得到解决"。不论是环境问题还是医疗问题，过去由于技术没有跟上而没能解决的问题，今后一旦发生指数级的飞跃，总能得到解决。这一信念，正是奇点大学所教授的思维方式中最根本的部分。

因此，在奇点大学的课程中，会详细地开展与各种最前沿科技的现状和未来相关的教学活动。我参加的EP在课程的中间三天，也认真教授了这部分内容。在纳米科技、宇宙开发、太阳能、IoT、区块链等各大领域登峰造极的专家们，会在你的眼前发表演讲。能够直接聆听超一流学者的最前沿观点，这正是奇点大学的厉害之处。

此外，学员们还能够横向地理解在各个不同领域内发生的事情，这也是一大优势。在以往的商学院中，虽然也能学到一些与科学技术相关的内容，但是大部分课程是特别针对某个领域来开设的。而现代科学技术的一大特征是，不同的领域会互相交融在一起，产生协同效应——正如生物科技和纳米科技正在互相影响，并朝着一个更高的维度发展一样。如果不能把握这一实际情况，就无法认清现实。而认清现实，是指数级思维的基础。

在大脑中被植入上述新的思维方式和科技的发展趋势以后，学员们的思维方式将焕然一新。尽管"洗脑"这个词给人带来的印象比较负面，但我们还是可以用这个词来形容——可以说，学员们会被奇点大学的价值观"洗脑"。库兹韦尔将奇点称作是一个"人类能力将彻底颠覆并发生改观"的现象。而想要培育出能够迎击剧变时期挑战的领导型人才，自然就需要有一种教育，能够让我们头脑中的思维方式彻底改头换面。

由拉里·佩奇提供对企业的建议

我参加的EP是一个短期课程，因此主要采取的是上述老师授课的方式，而GSP和AP在后期还会有实践项目，这就相当于ExO的"IDEAS"中的"E（实验）"。在这个阶段，由学员自己动手实践。

在上文解说ExO时也已经谈过，想要引发颠覆性的创新，就需要进行庞大次数的"假设—验证"过程。大家可能认为GSP的后半期课程只有短短5周，并没有什么了不得的。但是我可以用这个例子改变你的想法：据说谷歌在2013年发布的可穿戴设备"谷歌眼镜（Google Glass）"，就有着这样的经历——它使用从家居建材商店买过来的材料，仅仅用了5个小时便完成了试制，并且很快就得到了管理层允许销售的批准。此后，谷歌眼镜于2015年终止销售，它也被称为是谷歌为数不多的失败作品之一。但是关键的是速度。只要以令人惊异的速度去反复"建立假设，验证假设"，那么失败多少次都不成问题。只要借鉴失败的经验，将其灵活地运用到下一次实验中就可以了。

因此，GSP为期5周的"假设—验证"可以说绝不短暂，而且它绝不会止步于模拟性的"体验学习"。每个团队都会探讨自己团队为解决问题而建立的商业模型是否可行，在过程中也会经历团队的合并和解散等，可能的话，还会拿出实验成果来。

而且，奇点大学汇集了众多超一流的人，因此想要向他们请教意见，也完全不成问题。库兹韦尔和戴曼迪斯当然在那儿，谷歌的CEO拉里·佩奇也经常会通过这里的NASA内部机场前往其他地方。有时，他也会骑着自行车晃悠到奇点大学来。在奇点大学，能够和这样的人直接接触，向他们请教具体的创业建议，因此志愿参加课程的人从全世界蜂拥而来，也是理所当然的。

通过这5周实验而结成的团队，未必会随着GSP的结束而解散。只要他们能够将自己的商业模型进一步做推敲，达到具有现实可行性的程度，学校还为他们准备了能够直接以现有的团队参加秋季AP的渠道。

此外，奇点大学还为学员们提供风险投资。因此，有前景的项目也可能得到资金方面的支持。事实上，也不乏有学员在"毕业"的同时创立企业的案例。

在这些方面上，奇点大学与一般的"大学"这个词带给我们的印象，有着很大的差异。或许是因为有了越来越多成功创业的案例，校方近来也会告诉参加GSP的学员，要"考虑到这一可能性，先收拾干净自己的人际关系、事情和物品以后再来"。有很多人在课程结束后，先回国一趟处理好身边的事情，又马上同团队成员聚集了起来。

影响10亿人的商业模型

大家还记得上一章中曾经简单提到过的内容——奇点大学正在大肆宣扬的"宏大变革目标"吗？那就是"影响10亿人"。

既然学校高举起了这样的标语，那么GSP的学员们所设想的商业模型，也必须要达到能够完全改变10亿人生活的规模才行。作为设定目标时的指南，奇点大学提出了12类需要集结全人类力量去解决的课题，并将其称为"全球重大挑战（Global Grand Challenge）"。

如图6-1所示，以下是我们在21世纪需要解决的12个难题：教育（Learning）、能源（Energy）、环境（Environment）、粮食（Food）、健康（Health）、繁荣（Prosperity）、安全（Security）、水（Water）、宇宙（Space）、防灾能力（Disaster Resilience）、政府管理（Governance）和住宅（Shelter）。人们设想，这些问题本身也会随着时代的发展而发生变化。

上述12个问题或早或晚会成为大多数现代人所共有的问题意识。但是，认为科技的进步能够解决上述所有问题的观点，才是奇点大学的特点和真正本领所在。

在提出需要解决的这12个问题以外，奇点大学还聚焦于关注未来或将成为解决问题手段的科技发展的大趋势——AI、VR和AR（增强现实）、能源（太阳能）、3D打印机、IoT、机器人技术、区块链、无人机、纳米科技等等。看一下图6-2就能够明白，各种各样的科技会互相交融，朝着解决这12个难题的目标实现飞跃。

图 6-1　奇点大学眼中人类面临的 12 大课题

需要解决的全人类的问题

图 6-2 奇点大学所关注的科技发展的大趋势

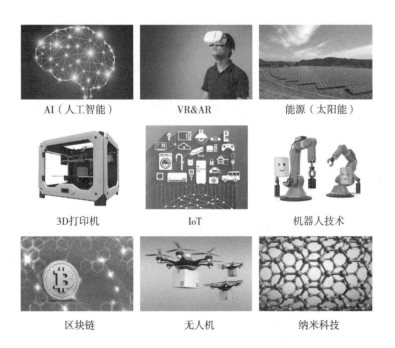

AI（人工智能）	VR&AR	能源（太阳能）
3D打印机	IoT	机器人技术
区块链	无人机	纳米科技

能够解决这些难题的科学技术

粗看"需要解决的全人类的难题"和"能够解决这些难题的科学技术"这两张图，我们就能发现，我们看待世界的方式和思维方式已经发生了巨大的变化。而为我们描绘出这些让人耳目一新景象，可以说是奇点大学的另一个巨大的成果。

笔者希望，能够将这些思维方式和知识等尽快传播到日本国内，因此以曾经参与过奇点大学课程的人士为中心，成立了一个"指数型&日本"社群。在与奇点大学的各个组织及各国毕业生组织开展合作的同时，还致力于它们在日本的活动提供支持，并为人们开设"指数级"相关的学习课程。

日本企业想要转型为指数型组织，并不容易。但是正如在上一章中提到的那样，只要企业中层领导者的思维方式发生转变，社会很可能也会随之发生巨大的变化。笔者对此抱有信心，并希望将奇点大学的理念和世界观传播得更远。

奇点大学关注日本的理由

当下，奇点大学与日本之间还没有深厚的联系。事实上，直到2017年，才终于有一名日本人参加了GSP。与笔者一样参加EP

的日本人也是少数。

但是，奇点大学无法忽视日本，相反，它必须要重视日本的存在。在奇点大学的相关人士之间，也经常会谈到到与日本有关的话题。从各种意义上来看，日本都是一个沐浴在关注之中的国家。

这主要有三个原因。一是人们对于日本人的"幻想能力"怀抱着期待。手冢治虫的《铁臂阿童木》之后，还有《哆啦A梦》《机动战士高达》《攻壳机动队》等，日本创作出了众多能够让人们畅想未来科学技术的动漫作品。这些作品不仅影响了好莱坞的电影，其中还有许多全球共通的东西。当然，海外也有科幻文化，但是日本人有着这样一种品位和能力——能够将这些文化用小孩子也能看明白的形式描绘出来。所以，人们对日本抱有期待，也许是因为他们认为日本人民能够理解指数级的科技飞跃，并且完全具备放眼未来采取行动的潜力吧？

不仅有对未来的幻想，日本还拥有能够为其提供支持的科技与基础。在生物科技领域，有山中伸弥教授研发的iPS细胞，对人形机器人的研究也走在世界的前沿；在纳米科技的领域内，日本也有多项领先世界的研究。在漫长的历史中，日本孕育出了崇尚科技的文化，因而受到人们的信赖。

还有一个受关注的原因，其角度会有一些不同，即日本社会存在着某种先进性。譬如，日本比任何国家都更快进入了少子老龄化社会。这将成为今后所有发达国家都需要面对的问题。因此，人们都在关注日本会采取怎样的对策。也就是说，日本正走在世界前头，开展着庞大的社会实验。在思考人类社会的未来时，日本是一个极其有趣的国家。

经济和基本收入制度——日本人自己没有意识到的"先进性"

在经济上，日本也是一个独一无二的存在——尽管日本的通货紧缩已经发展到了这样严重的程度，日本所生产的产品质量却仍在不断地提升。这在漫长的人类历史中是绝无仅有的。从经济原理出发来考虑，如果社会持续通货紧缩，那么产品的质量理应会下降，人们会变得更加贫穷。但是在日本，尽管收入差距在不断加大，但是同过去相比，人们的生活并没有变得更加不便。

至少从别的国家看来，日本人民的整体生活水平还是在持续上升的。这一不可思议的现象背后，还是拜科技的力量所赐吧。这样想来，就能够明白奇点大学关注日本的哪一点了。如果将日本正在发生的这些现象放到世界其他国家去，那么在思考科技的未来时，这些现象理应能够为我们提供一些借鉴。

更有甚者，欧美人在论及基本收入时，也常常会谈到日本。有人认为，日本享受养老金和生活保障金的人口很多，因此从某种程度上来说，日本已经建立起了基本收入制度。

前文中已经谈过，随着科技的进步，待到人们变得无须工作的时候，可能就会导入基本收入制度，作为财富的再分配系统。到那时，也有可能无须由政府出资，而是将机器人分发给人们。

而且，日本曾经实施过与此类似的政策，即2009年实行的"环保积分（Eco Point）制度"。通过施行这项制度，正如政府所期待的那样，地面数字电视的换购一下就取得了巨大的进展。有很多人正在思考未来的基本收入制度，在他们看来，日本就好像是在进行一个规模宏大的社会实验吧。如果是一个小国也就罢了，在日本这样的经济大国发生这样的现象，实在值得人们深入研究。

对于上述在世界上的"先进性"，日本人自己还没有察觉到。第二次世界大战结束后的几十年里，日本一直埋头想要"赶英超美"，因此，"日本落后"这样的观念或许已经深深地在人们心中扎下了根。

但是，如果能够意识到自身所处的位置，那么不论是对已经开始了的第四次工业革命，还是对其源动力——指数级技术发展，日本人民对于它们的认识都会发生变化吧？对于在奇点大学能够学习到的那些思考方法和问题意识，他们理应能够变得更加积极，更感兴趣。希望今后，日本能够与奇点大学走得更近，并为人类的未来发挥出更加重要的作用。

○● 相关链接：奇点大学在中国

2015年5月31日下午，由百度新闻、36氪和新浪创业联合主办的《The BIG Talk——奇点大学中国区学员选拔大赛总决赛》在北京举行，来自星谷实验室团队的陈拯民获得了2015年度奇点大学GSP课程中国区唯一一位学员的入学资格。

星谷实验室致力于开发高性能电机，陈拯民表示，非常荣幸能够获得此次比赛的冠军，他也将珍惜前往奇点大学学习的机会。"创业路上有许多你意想不到的打击，你必须时刻保持头脑清醒。希望年轻人在创业之前要三思，不能盲目跟风、急功近利。创业是实现自我价值的一种渠道，但并不唯一。如果能够在毕业后就加入一个团队，在那里做出一番业绩，也不失为大学生们实现自身价值的良好途径。"对于投入创业大潮的青年人，陈拯民也从自身经历出发提出了建议。

除了冠军陈拯民团队的"高性能电机"，其他的项目与产品也获得了现场评委的"点赞"，如利用大数据自动批改英语作文的"批改网"。作为"大数据英语老师"，批改网批改英语作文超过一亿篇，精确度高达92.03%，使用者包括北大、清华等高校，甚至被众多高校纳入教学体系。批改网能够实现"提交即批改"，具有快速、客观、实时、个性的特征，同时还能通过"按句点评"帮助用户改变"中式英语"的表达方式。"当英语作文遇到大数据"，批改网将全面颠覆传统的语言教学模式。批改网的助阵嘉宾CSDN创始人蒋涛说："批改网甚至能帮助全世界的人学习中文。"

此外，其他项目也具有极高的社会价值。福际团队自主研发的聚合酶链式反应技术（Direct PCR），能够实现重大疾病、传染性疾病的快速检测。而住宅公园通过互联网促进具有抗震、环保、建设周期短等多种优势的新型房屋的自建推广。雅果科技自主研发的创新重症呼吸治疗设备，使用仿生技术帮助重症病人咳嗽，挽救病人的生命。

——《奇点大学选拔总决赛落幕 中国电机创客进军硅谷》

[（有删节），中国青年网，2015年5月31日］

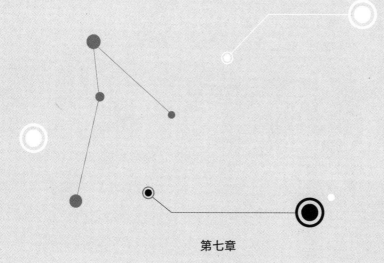

第七章

如何面对奇点
到来后的世界

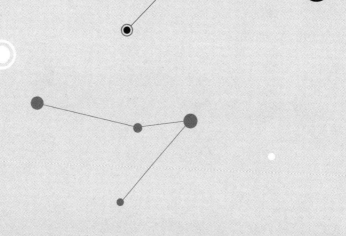

不以奇点将至为前提，所有的努力和钻研都会是竹篮打水一场空

我正在读小学三年级的儿子，曾经在学校写过这样的作文：

《未来的自己》

我的爸爸说，未来，人工智能会帮我们完成所有的功课，所以人类就不需要学习了。但是，既然现在大家都在写作业，那么我也要写作业。

这段话或许让他的班主任惊呆了："一个爸爸怎么能说这种话！"但是我只是将自己的所思所想坦诚地告诉儿子而已，因此

我完全不觉得后悔，或是觉得要检讨自己。儿子虽然只是一名小学生，却已经有了出色的见地，看到这一点我也就放心了。"未来"会变成什么样子，和"当下"应该做什么事，是截然不同的两个命题。

笔者在本书的前几章里，展示了未来世界的景象，并论述了作为预先的准备，我们应该以怎样的方式，去思考哪些问题。

看一看奇点大学列出的"全球重大挑战"就能明白，我们人类还有许多需要完成的"功课"。完成了这些以后，等待我们的就是一个"乌托邦"。或许，我们真的会迎来一个什么都不用做的社会。但是要建设这个社会，无疑需要人类的汗水和智慧。

话虽如此，但"人工智能包办一切的社会"对人类而言，真的是一个乌托邦吗？我想还是会有许多人对此感到怀疑。倘若于人类而言，它将成为一个"反乌托邦"，那么我们连为之不断付出汗水和智慧的劲儿都提不起来了。

倘若库兹韦尔所预言的奇点真的于2045年到来，届时这个世界会变成什么样子，我们无从得知。在本书的开篇，我也已经谈过部分内容。但是至少，AI超越人类的"前奇点"是一定会到来的，科技的指数型飞跃不可能停下脚步。因此，我们必须以此为前提，重新思考自己的生存方式。这也是本书的初衷所在。

反过来说，不以此为前提付出的汗水和智慧，就可能会竹篮打水一场空。大革命已经分明将要席卷这个世界，所以想要承袭既往的方式，维护既得的利益，不论付出多少努力都是徒劳。为了顺应未来的变化，有时我们也必须或多或少地牺牲眼前的利益。

未来世界尚不可知，所以我们才更想去看看

为了迎接必将到来的革命而采取措施，这样的说法，不免给人消极被动的印象。但是我反而觉得，正因为不知道最终会发生什么，未来才有意思。与软银的孙正义先生一样，我也很想去看看奇点的模样。

地球上的生命用了40亿年不断进化到了今天的模样。根据达尔文的进化论，生命的进化是没有"目的"的。人们经常说："长颈鹿的脖子是因为要吃到树的高处的叶子，才进化得更长的。"这其实是一个错误的解释。偶然有一个突然发生变异的出生时带着长脖子的个体，适应了周围的环境（或许周围刚好有很高的树）而幸存下来，并成功地将自己的基因传递给了子孙——这才是生物进化的基本原理。

　　人类这种生物，也是历经这一过程诞生的。即使今后生命还会继续进化，但其中并不会存在"理应这样"的"目的"。适者生存，并发展壮大。

　　作为人类，其"环境"还不仅是自然环境，人类自身创造出的科学技术也要算作他所处的环境之中。倘若AI和机器人会夺走人类的工作，这就好比是出现了新的天敌。这是任何生物在进化时都会出现的"环境变化"。我想去看看，未来，人类会如何适应自己所引发的环境变化，并且会实现怎样的新的进化。

　　要说现在人类已经完全适应科技环境了，事实绝非如此。以汽车为例，我们还不能说人类已经完全将这一科技运用到了自如的程度。日本国内的交通事故死亡人数虽然比最高峰有了相当大的减少，但是在美国，每年依然有高达3万人因汽车事故不幸离世。即使是在日本，每年因汽车事故而死亡的人数也超过了4千人。汽车，可以被称为是人类生产出的最强的"杀人机器"。

　　如果汽车脱离人们的双手，全部被置换成自动驾驶，通过人工智能的控制将交通事故的死亡人数近乎降为零，那么这就不仅仅是科技的进化，也可以说是人类的进化了！这样一想，那么驾驶员这个职业被机器夺走，并不能算是人类的败北，也算不上什么大问题了。

那么以长生不老为目标的医疗科技呢？最近，大量与衰老相关的论文，都公布了这样的实验成果——实验已经将动物的寿命成功延长了20%～40%。免疫抑制剂雷帕霉素（Rapamycin）及同时能够有效抑制癌症的糖尿病治疗药物二甲双胍（Metformin）等药品的抗老化能力受到了人们的关注，相关学会也认可了这些药物存在抗老化的可能性。此外，人们还在开展着各种各样的研究，包括能够让血液变得更加年轻的方法，以及除去高龄老鼠的老化细胞来延长它的寿命等等。

诸如此类的科技进步，让人们对于"死亡"的讨论愈发热烈。"延长寿命对人类来说是一件好事吗？""不会死亡的人还能够被称为人类吗？"人们抛出了各种各样的问题。

的确，"生"与"死"是一个硬币的两面，让人们不免觉得，"不会死亡的人"是否还能算是活着的呢，这一结论我们无从得知。由于一直以来的医疗技术的进步，我们已经成功地延长了人类的寿命，而且也找不到要去停下寿命延长步伐的理由。

这并不是一个轻轻松松就能得到解答的问题，或许我们不应该按照现有的常识去进行判断。倘若人类研发出了能够将寿命延长几百年的科技，让人类达到近乎长生不老的状态，那么伴随这一环境变化，"人性"的概念或许也会不断被刷新。届时，人类或将以一种与现在截然不同的范式，来围绕生与死展开讨论。

"东京2020"是一个重要标志

科技的飞跃会给人类及社会的范式带来怎样的变化？总而言之，笔者认为这些变化会在今后的几年内浮现出势头。其中，我们自身变化的方向，或许也会显现出一定的轮廓。

从这层意义上来说，东京奥运会和残奥会召开的2020年，对于日本人民和社会而言，将成为一个重要的标志。这是因为，这场世界最大规模的体育盛典，同时将会成为一场"科技盛典"。

例如，到2020年，我们可能不再需要为满足国外游客的需求而招募口译志愿者了。AI的翻译能力和对话能力得到显著的提升后，不论是谁，都能够借助智能手机和耳机型设备与外国人进行交流。

此外，电视和媒体的转播技术与往届奥运会相比，也将不可同日而语吧？即使身处距离会场非常遥远的地方，我们或许也能利用VR技术，亲身感受竞技的魅力。而且，这样的体验并不仅仅等同于从看台上观看比赛，使用360度摄像机，观众仿佛能同尤塞恩·博尔特（Usain Bolt）一起在跑道上奔跑；观看足球比赛时，还能以守门员的视角来体验比赛。不仅是视觉和听觉，触觉、嗅觉和味觉等所有感觉，都可能成为"现实"。

我参与经营的一家创业企业Spectee，能够为新闻机构提供这样的服务：它能够使用掌握深度学习的图像识别技术，从互联网上数不胜数的帖子中，以比人类的检索更快的速度，找出最新的新闻，并将这些新闻提供给新闻机构。大家所看到的电视上关于违法犯罪案件和事故的新闻影像，事实上多数是由AI从庞大的网络信息中搜寻出来的。这样的影像正在变得越来越多。到奥运会召开的时候，所有手持智能手机的人，想必都能作为媒介之一，大显身手。

另一个或许能给奥运带来新面貌的技术，是无人机。一旦2018年"指路号"准天顶卫星投入工作，自主飞行的无人机就将盘旋飞行于城市的上空。

无人机现在正要结束"潜行"的阶段，迎来"颠覆"的局面。据说，无人机的价格每9个月就会降到原来的一半，而且机身还在不断小型化。此后，只要解决电源的问题，其进化曲线就会一口气飞速上升。全世界的创业企业都已经预见到了这一前景，正在一齐展开行动。我参与经营的另一家创业企业，正在考虑构筑一个使用自主飞行式无人机来横跨太平洋的物流网络。

如果能够群控大量的小型无人机，就没有道理不在奥运会的开幕式和闭幕式上使用这项技术。在自主飞行模式下，无人机们能够利用传感器互相感知对方的位置，因此还能够进行编队飞行。几百几千台无人机，像沙丁鱼群一样一边编队飞行，一边变换各种各样的阵型，在空中作画。想必，已有创作者在思考如何导演无人机的队伍了吧？

此外，一定还会有许多新的科技，能够用来妆点2020年的奥运会和残奥会，让世界大吃一惊。人们曾经将1964年的东京奥运会称为"二战"后日本复兴的象征，而这一届奥运会则将象征着"第四次工业革命的到来"，并成为一场历史性的活动，让人们预感奇点的到来。

在这一节骨眼上，能够成为奥运会和残奥会的主办方，于日本而言可以说是一件非常幸运的事。以此为契机，我谨企盼指数级思考能够在社会上扎根，也希望人们能够做好准备，应对奇点时代的到来。

◉-● 对话

AI与人类，今后将走向何方？
——中岛秀之×斋藤和纪

中岛秀之

人工智能研究者。1952年出生于兵库县西宫，1983年获得东京大学信息工程专业博士学位，同年进入日本电子技术综合研究所。历任产业技术综合研究所Cyber Assist研究中心所长、公立函馆未来大学校长等。2016年就任东京大学大学院信息理工学科研究科尖端人工智能学教育捐赠讲座特聘教授。接受来自丰田、多玩国、欧姆龙、松下、野村综研、DeNA、瑞穗金融集团、三菱重工等八家公司的赞助，从事教育和研究工作。

人工智能的核心是"在信息不充分的条件下灵活处理"的能力

斋藤：我在这本书中，论述了随着雷·库兹韦尔所预测的奇点的到来，人们的生活会发生怎样的变化。且不论奇点会不会真的到来，今后，科技将以指数级的速度实现飞跃，这是毫无疑问的。其中，中岛老师的专业研究领域人工智能，肯定将会发挥重要的作用。即使是在大众之中，由于AlphaGo和机器翻译取得的进步，人工智能也已经开始受到了人们的关注。

但是，我们还不能说大部分人已经理解了人工智能指的是什么。譬如就在我们的身边，有能够与人类对话的iPhone的Siri、自动调节冰箱温度的节能导航（节电学习）功能等。这些都可以叫作人工智能吗？应该有很多人还不太明白计算机和人工智能之间有什么差异吧？老师认为人工智能的定义是什么呢？

中岛：最教科书式的答案就是"人工制造的拥有智能的实体"了。但是这样的解释，还是让人不太明白人工智能是什么吧（笑）？就连制造出的实体有没有"智能"，都是一个很难回答的问题。但是在研究领域内，我们研究的目的无疑是"让机器模仿人类的智能"。因此，Siri和节能导航到底"算不算人工智能"，一下子很难回答上来。但是，我们能够判断它是否接近人类的智能。Siri能够理解人类的语言然后开口说话，可以说是非常接近的，但是冰箱的节能导航就差得远了。

斋藤：所以关键在于能够模仿人类到什么程度吧？

中岛：更加简单明了的定义是，"在信息不充分的条件下灵活处理的能力"。

斋藤： 原来如此。您这样一说，我好像也明白了它与计算机的区别了。计算机只要收到完整的信息，就能够按照我们的指令一五一十地去处理信息，但是人工智能要面对更高的要求。

中岛： Siri是与人类的语言打交道的，所以大部分场合下，收到的都是不充分的信息。即使用户所说的语言并不完整，它也必须要想方设法地去理解其中的意思，总之要给出一个答复。与此相对，冰箱的节能导航需要得到温度、湿度、食物或饮料的容量等工作所必需的信息才能工作，因此，说后者"没有智能"也不为过。

斋藤： 那么伦巴（Roomba）这样的扫地机器人呢？

中岛： 吸尘器要比冰箱复杂一些。过去，杂志《人工智能》上曾经刊登过科幻小说作家新井素子的一篇超短篇小说《打扫机器人》，书里描写了主人公教育机器人"什么是垃圾"的难度之大。所谓打扫，就是将是垃圾和不是垃圾的东西区分开来，收拾干净，因此首先必须掌握区分物品是否是垃圾的能力。在书中，主人公教育机器人，要把"大于A4尺寸的纸张"卷起来收拾整齐，比这个尺寸小的纸张则当作垃圾处理，但是机器人还是把绝不能弄丢的收据给扔了（笑）。

斋藤： 事实上，人类自己也经常会犹豫要不要扔呢。自己都没有弄明白扔的标准是什么，就想把这个活交给人工智能来做，还是很难的。

中岛：人工智能的研究人员之间，把这个问题称为"框架问题"。作者在这部小说中描写了许多趣闻轶事，实际地展现了我们人类切身面临的难题，是一部非常有趣的小说。只是，像伦巴这类自动吸尘器，还不能够像小说里的打扫机器人那样，做出高级的判断。它只是转着跑，碰到什么就吸什么而已，可以说才刚刚踏进人工智能的大门。碰撞上其他东西，就转着走，这样的功能拿就相当于人类的条件反射一样。

如果命令机器人"保护同伴不被敌方杀害"，机器人会怎么做？

斋藤：如果库兹韦尔所说的奇点真的会于2045年到来，那么在此之前，人工智能为了超越人类的智能，必须在哪些方面有所突破呢？

中岛：还任重道远呢（笑），原本人工智能的研究就主要分为两大问题。一是符号处理，这是一种"知识表现"能力，需要从获得的信息那里推导出结论；二是认识外界的能力，也就是

"看"和"听"这类输入的问题。在这两大问题中，过去在输入这方面是很弱的。但是从几年前开始，通过深度学习，能力得到了显著的提高，像Siri这样的语音识别也是一样。同时，相机人脸识别的精度也在不断地提高。松尾丰先生（东京大学特聘副教授）把这一现象戏称为"AI长了眼睛"。

斋藤： 就是那位专门从事人工智能和Web工程的老师吧。

中岛： 就这样，人工智能的输入方面已经越来越接近人类的水平了，所以想要把人工智能的整体智力提高到和人类平起平坐的水平，还必须要在符号处理或者说知识表现方面下工夫。另外，刚才提到的"框架问题"，也还是一只凶猛的拦路虎。

斋藤： 就算准确输入了视觉和听觉的信息，不能正确地处理信息也行不通。

中岛： 譬如，想要让房间变得亮堂起来就开灯，这是一个很简单的行为，但是有的时候按下开关也不见灯亮。可能是因为停电了，也可能是灯泡的灯丝烧断了。如果是日光灯的话，灯管坏了或是起辉器老化，都是有可能的。但是这些原理，有很多人不了解吧？也就是说，即使是"房间的灯亮了起来"这样简单的事情，也需要很多的前提条件。而想要细化下去理解全部内容，是很难的。

而且，"按下开关"这个行为也会带来各种各样的结果。普通情况下，只是"电灯亮了"而已，但也会有保险丝烧坏了或是触电的情况。人类在按下开关的时候并不会深入地思考它的前因后果，但是要让人工智能的程序来做这件事，却并不那么简单。"是不是垃圾"的问题也是一样，一旦教起来，麻烦便无穷无尽了。如果给的范围太宽泛，还是会遇到各种很难判断的细微的临界点，而且总是会跑出特例来。

斋藤：原来如此，因为分界模糊，所以叫作"框架问题"，对吧。

中岛：在科幻小说领域，还有一个这样的故事。上司命令机器人"不要让战友被敌人给杀了"，结果机器人自己把战友给杀了，声称"可不能让敌人给杀了"（笑）。荣获芥川奖的村田沙耶香女士在著作《便利店人》中也写了这样的桥段。听到一句"让他们别吵了"，有人便用铁锹把吵闹的人给打倒了，用这样的方法来结束口角。看来这不仅仅是机器人的问题，对吧？不管怎样，"框架问题"难就难在"用常识去思考"已经不适用了。

斋藤：即便这样，库兹韦尔还是认为，人工智能能够解决这一问题吗？

中岛：库兹韦尔应该是以人类的全部思维能力都能够进入机

器为前提，来谈2045年的奇点的吧。的确，如果AI能够完全模拟人脑的话，也就不存在"框架问题"了。让计算机来做和人脑的神经细胞相同的工作，机器便能够像人类一样思考了。

但是，人脑是以毫秒为单位的电位差运转的。机器究竟能够精确地模拟到什么程度，不试一试，谁也不知道。现在所有的观点都是基于假设来推演的，我并不太相信这些。我也不认为以这样的程度发展下去，到2045年，机器会超越人类。想要打造出和人类相匹敌的程序，先去解决包括"框架问题"在内的推论和知识表现的问题，似乎更加现实。

不能认为事物发展的速度还同过去一样

斋藤：我认为，奇点会不会来倒不是问题，但大家应该要知道，科技正在向着奇点的方向不断进化，世界也在发生改变。

中岛：是的。库兹韦尔想表达的，关键就是"不能够认为事物发展的速度还同过去一样"这个观点。指数级加速的观念非常重要，这是一个显然的事实。例如，计算机只用了一年半，处理速度就比过去快一倍，其他的技术也在一个劲地加速发展中。我想今后的4到5年里，世界就会"轰"的一下完全改变哟。美国加州的企业已经开始转变了，Uber和Airbnb的登场，开启了向共享经济过渡的进程。商业社会也在发生剧烈的变化，譬如或许几年后谷歌公司就消失了呢？我们不知道接下来迎接我们的会是什么，要是知道的话就自己干啦（笑）。只是说会有其他新的形态出现，让谷歌也落伍了。

斋藤：或许可以这样说：个人电脑时代的平台被时代淘汰了，而谷歌过去是作为一个移动时代的平台兴盛起来的。但是五年后，我们不知道又会出现什么设备，因此也真的不明白下一个时代的平台会变成什么样子。话虽如此，但谷歌在人工智能的研发方面也进展得相当迅速。光是响当当的AlphaGo，就给世界带来了巨大的冲击。

中岛：知道AlphaGo即将获胜以前，我们的研究人员也曾认为人工智能还要10年才能战胜专业棋手呢。再早些时候，甚至认为还要花四五十年。这个速度实在是太猛了。谷歌翻译也是，有谁想过现在的翻译精度已经达到那么高了呢？像这样巨大的变化，在今后四五年里，理应还会不断地出现。

斋藤：我想日本也必须要赶上这一指数级的飞跃啊，日本对于人工智能研究的投资是否在增加呢？

中岛：好像还没有动静呢。AlphaGo成为舆论话题以后，的确在社会上引起了一阵轰动，但是把它当作现实性的问题来采取行动的人还是太少了。在美国加州，IBM、微软、谷歌、脸书、亚马逊这五家公司已经就人工智能的开发组成了战略同盟（合作体制），但在日本，我们还完全看不到这样的动向。原本应该成为技术旗手的大型电机生产商也没有采取行动。我觉得，企业还需要更大的转变才行啊。

斋藤：美国的企业，变化得真是剧烈呀！

中岛：因为企业的形态本身也在发生变化，对吧？譬如IBM，过去是卖个人电脑的，现在已经完全转变为一家提供问题解决方案的公司了，几年前，它还开始涉足AI领域。随着业务的内容发生改变，组织自身也会发生很大的改变吧。谷歌也是，就像AlphaGo的产生，谷歌公司会接二连三地收购优秀的相关企业到自己旗下。放手得也快。但日本的大型企业身上，一直都看不到这样的动向啊。

斋藤：像创业企业这样的小企业呢？

中岛：它们的确在活动。但是，日本的创业企业总是倾向于将用户给圈起来，对吧？给智能手机加个SIM密码锁啦，提供的电子书只能用自家的设备来下载啦。那么显然，多个设备能够互相共享的电子书资源会更加方便，用户肯定会选择购买亚马逊的产品。

斋藤：像这样，虽然开放以后在这上面赚不到钱了，但是企业能够通过控制周边的环境来获得巨大的利益，这就是平台企业的业务战略。

中岛：谷歌公司通过让用户免费使用Gmail来获取大量的用户信息。谷歌翻译之所以能发展到那样高的精度，其中也有这些信息量的功劳。事到如今，日本的企业想去追赶，恐怕也是力不从心了吧？

进入"领跑者垄断胜利果实"的世界后，日本还有一搏之力吗？

斋藤：光看投资额，似乎整个日本还赶不上一个谷歌呢。因此，日本也无法拿出世界通用的新型平台。现在比起日本，中国似乎发展得更快，无人机也让中国领先了。

中岛：以前说到技术，都是二把手比较强。一把手又要出研发的费用，又要花费功夫做研发，所以一旦被二把手抄走了技术，一瞬间就会被赶超过去。但是现在的IT领域，是一个领跑者垂断胜利果实的局面。到后来再想模仿，那么变化的速度太快，二把手已经赶不上了。

斋藤：到20世纪90年代为止，日本的计算技术在全世界范围内还是很先进的。超级计算机的排名里，日本的企业也排在前头。但是最近，第一到第三都被中国独占了。今后日本必须要从国家政策的制定方面想想办法了。

中岛：还是应该在IT方面多投一些钱。现在的投资太少了，不增加一位数左右，根本不够。另外，1982年开始的第五代计算机项目的预算为每年50亿日元，也就是10年总共500亿日元。与此相对，国家对AI相关项目的2017年度的预算也是500亿日元，这其中包括所有名称里有AI的项目，他们全部加起来获得的费用才和一个第五代计算机项目差不多。考虑到物价水平的上升，甚至可以认为是比之前还要更少了。坦白说，这样是不可能追上其他国家的。

斋藤：今后竞争对手之间的差距会以指数级不断拉大吧。日本怎么会落到这样的局面呢？

中岛：日本总是不会去追随那些新颖的事物。"美国在流行这个，就模仿一下吧"——还是过去的这种观念。美国在流行AI，那么我们去做些别的，我认为这样想才有未来。

斋藤：譬如自动驾驶汽车技术，包括感应器系列的技术在内，日本是有优势的。您觉得呢？

中岛：就算有技术，社会不理解，还是要碰壁，不是吗？美国的特斯拉和谷歌汽车已经满地跑了，日本却还完全没上道呢。因为社会上对此还是有很强的排斥感，认为"机器会杀害人类，决不能允许这样的事情发生"。技术是无法达到"绝对完全"的，但是在日本，如果不能保证100%的安全，就不会得到社会的接纳。自动驾驶车辆只要出了哪怕一次事故，就全部玩完了。因此，做研究开发的这一方也不得不犹豫徘徊。

斋藤：明明人类驾驶的汽车引发了许多事故，却不容许机器引发事故，哪怕只有一次。怎么就变成了这个样子啊？

中岛：这是因为风险管理的观念还没有在日本社会扎下根来。即使是现在，日本交通事故的死亡人数还在每年4千人左右，明明如果能够通过自动化减小这个数字就好了。但是在日本，即使死亡人数减少到3千人，大家也并不会歌颂"机器让死亡人数减少了1千呢"，而是会变成这样——"机器竟然杀害了3千人"。在美国，特斯拉引发死亡事故时，由于事故率要低于人类驾驶，依然能够得到人们的认可。

比起通用型AI，功能单一的AI更方便

斋藤：再说回AI，"通用型人工智能"的定义是怎样的呢？我觉得它一出现，所有东西都要被收进去了。

中岛：简单来说，就是"什么都会的人工智能"吧。它和只会下棋的AlphaGo和只能进行语音识别的Siri等是全然不同的。像AlphaGo这类人工智能使用的算法是固定的，而通用型人工智能每遇到一个问题，都必须自己去判断"用哪一种算法比较合适"，不仅要推论，还要去推论用于推论的方法。这也就是所谓"元（meta）推论"的领域了，所以难度要大得多。

斋藤：假设这样的通用型人工智能真的出现，它会是什么样的呢？人们一般都容易联想到铁臂阿童木或哆啦A梦这样的机器人吧？但是机器和人脑还是不同的，我觉得它的样子大概会变得和人类很不一样。或许，人类和人工智能的边界会变得模糊，我们将无法将二者区分开来。

中岛：通用型人工智能的研究人员，他们的目标就是打造出

一个"人类一样的机器"。但是从实用性上来考虑，非通用型的反而会更好。作为一个工具，像这样"围棋用这个""语音识别用这个"，分别使用具有单一功能的设备，我觉得会更加方便。因为只要让机器帮人类做不擅长的事情就可以了，自己擅长的领域，就不需要机器了。当然，通用型人工智能作为一个研究课题，是一个具有挑战价值的领域。我认为，刚刚提到的能够模拟整个人脑的研究，今后也将不断地发展下去。

斋藤：通用型人工智能出现以后，它能够和人脑直接连接起来吗？

中岛：当然会连接起来吧。有的研究人员就在研究脑机交互（Brain-machine Interface）呢。它最重要的用途，就是能够帮助残障人士传达自己想表达的意思。譬如斯蒂芬·霍金（stephen hawking）博士在世时，还需要特别费力地敲打键盘才行。或许有一天，我们只要在脑中想想，就能够自动输出我们的想法了。

斋藤：像生化电子人（Cyborg）一样，能够看到现在的人类看不到的东西？

中岛：譬如说能够放大人类皮肤微妙的变化，或是利用红外线来观察血流的状态。这样，就能够比现在的人类从更深的层次去解读对方的情感。就像"这家伙现在血压在上升哟"（笑）。

要说可怕，这的确会是一个可怕的世界，但是在电话的顾客投诉处理服务中，已经开始实际使用这样的程序了。它能够通过分析对方的语音，来判断其压力的大小，有时还会发出警告："请注意，这个人马上就要发怒了。"

机器人掌握生存本能后，会发生什么

斋藤：这样的人工智能能力越来越强，或许到时候，我们就会分不清哪个是人，哪个是人工智能了吧？

中岛：能够进行"元推论"的通用型人工智能或许是这样的。但是现在只有单一功能的人工智能，它们只会做人类交给它们的工作，所以和人类还是很不相同的。它们只会朝着人类设定的目标前进，不会去怀疑这个目标，也不会自己改变这个目标。要是能够变成改变，那么就像电影《终结者》里的天网擅自将目标设定成"消灭人类为好"一样，程序自身可能会怀有恶意。但是现在，就算有人恶意地去使用程序，也还造不出怀有恶意的程序。

斋藤：能够进行"元推论"的通用型人工智能出现后，它们也能做出政治上的判断吗？

中岛：应该能吧。等到机器人和人工智能有了"自己的生活"，或许它们也有必要去做出政治上的判断。但是在现阶段，机器人还是没有生活的。

斋藤：也就是说，还不能基于自己的生存本能去行动吧？

中岛：没错没错。我们人类的行动不仅仅是为了某个目标，而是在"生活"着。这和基于明确目标行动的人工智能有着天壤之别。因此，人工智能变得再聪明，它也写不出一篇基于生活体验的优质小说——能够撼动人心的措辞表现是很有难度的。但是今后，我们或许不得不提前考虑好，应不应该让机器人拥有"生活"。

斋藤：那样机器人就拥有情感了。要是人类能够解读机器人的情感，就能够加以控制。但是要是"不知道这个机器人在想些什么"，我觉得就失控了。

中岛：可能最早会从电子宠物狗AIBO的升级版开始。宠物机器人会被赋予各种各样的个性，成长起来。

斋藤：即使是像AIBO这样程序化的机器人，人们看到它们"拗"出一个造型时，也会想"你究竟在想些什么呢"，去试图揣摩出它的情感，对吧（笑）？扫地机器人伦巴也是，大家经常会说是"养着"一个机器人，或是说机器人正"待在家里"等等。

中岛：共情是一个人类与其他生命不同的惊人本领吧。我们能不能把这一能力也写到人工智能的程序中，是一个问题。

此外，人类还有一个能力——能够看出事物之间的"因果关系"。因与果的关系，并不存在于客观的自然界中，而是为人类单方面所有，这是我的结论。譬如，股票的上涨和下跌是一个极其复杂的现象，其中交织着大量的影响因素，但是人类会试图从中找出一些条理清晰的因果关系。我认为，这是因为人类具有生存的本能。在复杂离奇的社会中，如果没有能够看出因果关系的能力，那么是不可能存活下来的。按照进化论的观点来说，没有看出因果关系能力的个体将惨遭淘汰。

斋藤：所言极是。机器人要是拥有了生存的本能，或许就能够像生物一样自然地进化下去了吧？那么最后，想请教一下，您觉得人工智能将会夺走人类工作的可能性有多大？现在有很多人都认为这是一大威胁。

中岛：的确，大部分脑力劳动都会从简单的工作开始依次被取代。但是大家，都那么想要工作吗（笑）？我认为不用工作也能生活的话，当然更好。当然，要是失业后变得无法生存下去了，那也很头疼，所以对此必须提前采取对策吧。但是机器取代人类以后，要么会推动生产成本的下降，要么会提高我们的生产率，那么从社会整体的角度来看，应该是一件人们喜闻乐见的事。让人担忧的问题是，由此产生的财富会被一小部分人所占有。

斋藤： 是的。我认为财富的再分配系统会成为一个问题。

中岛： 现在，我们已经有将税金集中起来投入到社会保障中的系统，所以这应该是可行的。所谓基本收入体系，如果要把钱平均地分发给所有人，有不少人会觉得别扭吧。但是从累进征税制度出发去思考就可以。可以这样想：收入越高的人，就要面临更多的税额，而低收入的人只要上交"负税额"就可以了。

斋藤： 的确是这样。不管怎样，人工智能的进化毫无疑问将极大地改变整个社会体系和我们的生活。感谢您的分享。

結　语

我于2015年的5月参加了奇点大学的EP。

在工作中，我经常会与硅谷的企业合作，因此每当发生了某些了不得的事时，我虽然懵懵懂懂知道一星半点，但还是不能具体地去理解它究竟是什么。

既然如此，就把自己当作是想要潜入黑船的吉田松阴^①吧。我下定决心想去代表了世界最前沿技术的地方看看——这也是我向奇点大学提交申请的契机。我是在从硅谷返回日本的飞机上提交的申请。

修完项目课程后，我在2016年的年中和几位同仁一同创办了"指数级&日本"社群。在那时，日本只有极少数人听

---

①　吉田松阴（1830—1859），日本江户时代末期的政治家、教育家、改革家。明治维新的精神领袖及理论奠基者。——译者注

说过"奇点"这个词，使用"指数级"这个词的人，更是寥寥无几。

但是到了2016年下半年，人们开始使用"第四次工业革命"这个词了。也就是在这个时期吧，多种场合都能够听到"奇点"这个词了。我能够感觉到，这个词正在迅速地传播开来。

说到本书中一直在谈的指数级思考方式，或许它现在正从"潜行"阶段向"颠覆"阶段逼近。今后的日本社会将会以瞬息万变的速度，去经历巨大的变革。

奇点大学汇聚了从全世界蜂拥而来的企业董事和顶级人才，而校方正在试图将改变世界的意识植入到他们的脑中。尽管日本与奇点大学之间还没有非常深厚的联系，但是，日本的顶级人才也是在高水平的教育中成长起来的，因此他们绝不会逊色于奇点大学的这些人。由此，我们希望下一代的领导人都能够用指数级的思维方式，将解决人类所面临的难题作为自身努力的动机——这也是我赋予自身以及"指数级&日本"的使命。

法国的科幻小说作家儒勒·凡尔纳（Jules Verne）曾经说过："但凡人能想象到的事物,必定有人能将它实现。"

尽管我们不知道时光机会不会真的出现，但是至少奇点，以及会先于奇点到来的"前奇点"，已经能够窥见一丝曙光了。我自身也认为，通过人类的力量，我们是能够迎来奇点的。只是与此同时，我们需要花费巨额的成本，造出大量的发电设备、大量的自主型机器人和超级计算机。为此，恐怕需要聚集起人类的财富，再加上1000倍左右的杠杆效果吧。不过，这一成本也会以指数级不断降低。

预见到奇点的到来，在世界各国已经展开行动的当下，我们的国家不能还自顾自地认为"维持现状就可以"。我们需要拿出身先士卒的勇气向前进发，而不是对奇点感到畏惧。由此，我们眼前的诸多难题都会以远远超出人们想象的速度，更快地得到解决，云消雾散。

在撰写本书的过程中，承蒙以下各位的大力协助，在此特表谢意。其中，包括东京大学大学院信息理工学科研究科的特聘教授中岛秀之先生，东京大学大学院信息理工学科研究科特聘研究员约文·雷沃列多（Jovan Rebolledo），中山国际法律事务所的中山达树律师，奇点大学东京分会的各位同仁，幻冬舍的小木田顺子女士，作家冈田仁志先生等。

其中，特别感谢中岛先生光临本书的对谈栏目，借此

机会，向中岛先生表示诚挚的感谢。同时，也向支持本人能

够更加投入到本书创作中的家人，表示衷心的感谢。

斋藤和纪

2017年5月

[书籍]

《后·超人诞生——当计算机智能超越人类》雷·库兹韦尔著 井上健/小野木明惠/
野中香方子/福田实译 2007年 NHK出版

《奇点来临［精华版］——当人类超越生命》雷·库兹韦尔著 NHK出版编写 2016年

《亿亿次级的冲击——下一代超级计算机将打开壮丽世界的大门》斋藤元章著 PHP
研究所 2014年

《亿亿次级的冲击》［精华版］《前奇点——人工智能和超级计算机突破发展、奇
点逼近人类社会》斋藤元章著 PHP研究所 2016年

《富足》彼得·戴曼迪斯/史蒂芬·科特勒（Steven Kotler）著 熊谷玲美译 早川书房
2014年

《创业无畏》彼得·戴曼迪斯/史蒂芬·科特勒著 土方奈美译 日经BP社 2015年

《指数型组织》萨利姆·伊斯梅尔/迈克尔·S·马隆&尤里·范·吉斯特著 小林启
伦译 日经BP社 2015年

《未来的犯罪》马克·古德曼（Marc Goodman）著 松浦俊辅译 青土社 2016年

[来自网页 **Singularity Hub**]

https://singularityhub.com/2016/04/19/ray-kurzweil-predicts-three-technologies-will-define-our-future/by Sveta Mcshane and Jason Dorrier

https://singularityhub.com/2016/02/14/denying-death-is-radically-longer-life-good-for-society/by Shelly Fan

https://singularityhub.com/2015/09/08/gene-editing-is-now-cheap-and-easy-and-no-one-is-prepared-for-theconsequences/by Vivek Wadhwa

https://singularityhub.com/2015/07/20/we-need-a-new-version-of-capitalism-for-the-jobless-future/by Vivek Wadhwa

https://singularityhub.com/2015/07/07/its-no-myth-robots-and-artificial-intelligence-will-erase-jobs-in-nearlyevery-industry/by Vivek Wadhwa

[论文]

Transmission of Information by Extraterrestrial Civilizations, Kardashev, N.S. Soviet Astronomy, Vol.8 1964